企业出海与
项目风险防范

王昱睿◎著

中国纺织出版社有限公司

内 容 提 要

本书系统探讨了东道国风险对中国企业海外项目投资的影响。首先，通过构建理论模型提出假设，深入剖析东道国风险影响中国企业海外项目投资的作用机理。其次，基于我国国情，构建全面的风险测度指标体系，采用多维方法评估东道国风险，确保测度的客观性与全面性。再次，借助计量分析模型，实证检验东道国各维度风险对我国海外项目投资流向及成效的影响，揭示其传导路径。最后，结合实践提出有效的项目风险防范策略，为我国企业海外项目风险治理提供可操作的解决方案。

图书在版编目（CIP）数据

企业出海与项目风险防范 / 王昱睿著. — 北京：中国纺织出版社有限公司, 2025.6. — ISBN 978-7-5229-2771-8

Ⅰ.F279.23

中国国家版本馆 CIP 数据核字第 2025NP6063 号

责任编辑：顾文卓　向连英　　　责任校对：高　涵
责任印制：储志伟

中国纺织出版社有限公司出版发行
地址：北京市朝阳区百子湾东里 A407 号楼　邮政编码：100124
销售电话：010—67004422　传真：010—87155801
http://www.c-textilep.com
中国纺织出版社天猫旗舰店
官方微博 http://weibo.com/2119887771
北京印匠彩色印刷有限公司印刷　各地新华书店经销
2025 年 6 月第 1 版第 1 次印刷
开本：787×1092　1/16　印张：9.5
字数：190 千字　定价：98.00 元

凡购本书，如有缺页、倒页、脱页，由本社图书营销中心调换

前 言

自2013年10月"一带一路"倡议正式提出以来，在我国政府的推动、共建各国的参与以及各方组织的支持下，相关项目建设与合作取得了阶段性的丰硕成果。"一带一路"倡议为世界共同发展提供了全新的平台，也为中国继续深化改革、扩大开放创造了时代契机，中国企业也因此获得了更为广阔的国际市场空间。近些年，中国企业对"一带一路"共建各国的项目投资规模逐年稳步增长，一批具有代表性的重大项目也逐步落地实施。未来一段时间，随着"一带一路"建设的不断推进，中国将会继续加大在共建国家的项目投资。

"一带一路"建设在取得重大进展的同时，挑战和风险也逐步显现。"一带一路"共建部分国家社会环境不稳定，中东、西亚等地区也因其丰富的自然资源成为历年来西方国家争夺的战略要地，地缘风险突出，共建各国经济发展水平参差、民族文化多元、投资环境复杂多变。近些年，中国企业在共建国家投资的项目由于东道国复杂多变的投资环境频频受阻、失败，这使中国企业遭受了巨大损失。由此可见，"一带一路"共建国家不稳定的投资环境会给中国企业在共建国家的项目投资带来挑战与威胁，东道国风险也已经成为影响"一带一路"建设的重要因素。因此，如何精准、全面识别并测度东道国风险，如何在最大程度上规避与化解东道国风险给中国企业在沿线国家项目投资带来的不利影响，从而有效防范项目风险，最大限度上确保中国对沿线国家项目投资的顺利实施，实现项目投资从数量到质量上的转变，推动"一带一路"建设高质量发展，已经成为中国政府和企业面临的重要课题。

基于此，本书提出以下研究问题：第一，如何全面、精准识别与测度东道国风险？第二，东道国风险对中国在"一带一路"共建国家项目投资影响的作用机理是什么？东道国不同类型的风险是否都会显著影响中国对共建国家项目投资的流向？原因是什么？东道国不同类型的风险是否都显著影响"一带一路"项目投资的成效？在不同情景下，是否存在异质性？是否存在调节机制？如果存在，作用机理是什么？第三，如何通过有效化解东道国风险带来的不利影响来提高"一带一路"项目投资成功率，进一步防范项目风险？

基于以上研究问题，本书按照"提出问题"→"分析问题"→"解决问题"的技术路线展开。本书的主要研究内容与研究成果如下：

第一，通过对现有文献的梳理以及相关对外直接投资理论的阐述，从中国对"一带一路"共建国家项目投资流向和成效的视角出发，在理论层面剖析了东道国风险对中国"一带一路"项目投资的利弊及其作用机理，"一带一路"倡议和双边投资协定对东道国风险影响作用于中国在共建国家项目投资情况的调节效应。

第二，根据国家风险相关理论，通过构建涵盖政治、经济、社会三个维度，24个具体指标的国家风险测度指标体系，采用熵值法对指标进行赋权及测算，最终测算出2005~2019年38个"一带一路"共建国家的政治、经济、社会及综合风险值，并对其进行评价。研究结果显示：研究期内，在"一带一路"共建样本国家中，相比较而言，西亚、南亚地区政治风险偏高，中东欧政治风险较小；西亚以及独联体国家经济风险偏高；以上各国社会风险和综合风险普遍较高，大部分国家处于较高风险等级。

第三，基于特征事实与作用机理，通过引入计量模型对以下内容进行了实证检验：一是实证检验东道国各维度风险对中国"一带一路"项目投资流向的影响，并对项目投资呈现出的"风险偏好"特征进行实证解析；二是实证检验东道国各维度风险对中国"一带一路"项目投资成效的影响，并在此基础上进一步检验"一带一路"倡议和双边投资协定对二者关系的调节效应。实证结果显示：研究期内，中国对"一带一路"共建国家的项目投资主要流入了风险较高的国家，具有"风险偏好"的特征，但"风险偏好"的背后是其与东道国"特殊区位优势"、企业"自身特定优势"、"国家特定优势"以及"风险包容度"的平衡；研究期内，中国在"一带一路"共建国家投资失败的项目大多发生在风险较高的国家，东道国综合风险和政治风险显著提高了项目投资失败的概率和规模，东道国经济风险与社会风险则对其并无显著影响；东道国各维度风险对"一带一路"项目投资成效的影响因行业和投资主体不同而表现出异质性；"一带一路"倡议与双边投资协定对东道国各维度风险与"一带一路"项目投资成效之间的关系具有显著的调节效应，"一带一路"倡议弱化了东道国综合风险和政治风险对项目投资失败的正向影响，双边投资协定弱化了东道国综合风险和政治风险对项目投资失败的正向影响，同时还增强了东道国经济风险对项目投资失败的负向影响。

第四，依据风险传导及脆弱性相关理论构建"一带一路"项目风险形成框架，基于该框架运用文本挖掘、案例分析和文献研究相结合的方法，对2005~2019年发生在"一带一路"共建国家的失败项目进行风险形成解析，通过GDELT数据库识别在建项目可能面临的风险事件，结合前文实证研究结论，最后从国家、企业和项目层面提出了"一带一路"项目风险防范举措。

在既有研究的基础上，本书的创新点主要体现在以下几方面：

第一，本书采用了更加翔实的项目微观数据，实现了对"一带一路"项目投资特征的准确反映及其与东道国风险关系的更准确估计，研究成果既弥补了现有文献微观数据的不足，也为"一带一路"项目投资研究提供了更全面的数据支撑。

第二，本书进一步深化了学术界关于东道国风险影响中国"一带一路"项目投资成效的作用机理以及"一带一路"倡议和双边投资协定对二者关系调节效应的认识。本书厘清了东道国不同维度风险影响项目投资成效的作用机理，明晰了"一带一路"倡议和双边投资协定对东道国不同维度风险影响项目投资成效的调节作用。研究成果为东道国风险与"一带一路"项目投资成效的相关研究提供了理论支撑和经验研究，也拓展了当前学术界关于"一带一路"倡议与双边投资协定对东道国风险调节效应的维度。

第三，本书为海外投资项目风险防范研究提供了新视角和方法。本书依据风险传导及脆弱性理论构建"一带一路"项目风险形成框架，以该框架为基础，基于"中国全球投资追踪"数据库和 GDELT 数据库，采用文本挖掘、案例分析和文献研究相结合的方法，对已宣告遭遇挫折的"一带一路"项目进行风险事件和项目脆弱性解析，对在建项目可能面临的新型风险事件进行预测，最后在实证结论的基础上，从东道国风险治理以及降低项目脆弱性角度为"一带一路"项目风险防范提出对策建议。本书成果丰富了当前学术界关于海外投资项目风险防范的研究。

王昱睿

目 录

第1章 绪论 ……………………………………………………………… 1
  1.1 研究背景与问题提出 ……………………………………………… 2
  1.2 研究目标与研究意义 ……………………………………………… 4
  1.3 相关概念界定 ……………………………………………………… 5
  1.4 研究思路与技术路线 ……………………………………………… 6
  1.5 研究方法与研究内容 ……………………………………………… 8
  1.6 研究创新 …………………………………………………………… 9

第2章 文献综述 ………………………………………………………… 11
  2.1 东道国风险的相关研究 …………………………………………… 12
  2.2 东道国风险对中国对外直接投资影响的相关研究 …………… 14
  2.3 中国对外直接投资风险防范的相关研究 ……………………… 21
  2.4 文献述评 …………………………………………………………… 23

第3章 理论基础与机理分析 …………………………………………… 25
  3.1 理论基础 …………………………………………………………… 26
  3.2 机理分析 …………………………………………………………… 31
  3.3 本章小结 …………………………………………………………… 39

第4章 东道国风险测度与评价 ………………………………………… 41
  4.1 东道国风险识别 …………………………………………………… 42
  4.2 东道国风险测度指标体系构建 …………………………………… 47
  4.3 东道国风险测度方法 ……………………………………………… 51
  4.4 东道国风险测度结果与评价 ……………………………………… 57
  4.5 本章小结 …………………………………………………………… 61

第5章 东道国风险对中国海外项目投资流向影响的实证分析 ... 63
- 5.1 特征事实 ... 64
- 5.2 研究设计 ... 68
- 5.3 实证结果分析 ... 71
- 5.4 "一带一路"项目投资"风险偏好"原因的进一步讨论 ... 77
- 5.5 本章小结 ... 83

第6章 东道国风险对中国海外项目投资成效影响的实证分析 ... 85
- 6.1 特征事实 ... 86
- 6.2 研究设计 ... 92
- 6.3 实证结果分析 ... 95
- 6.4 拓展性讨论 ... 107
- 6.5 本章小结 ... 111

第7章 海外项目风险防范策略 ... 113
- 7.1 "一带一路"项目风险形成框架 ... 114
- 7.2 "一带一路"项目风险案例分析 ... 115
- 7.3 "一带一路"项目风险应对举措 ... 118
- 7.4 本章小结 ... 124

第8章 结论与展望 ... 127
- 8.1 研究结论 ... 128
- 8.2 研究不足与展望 ... 130

参考文献 ... 131

第 1 章

绪论

1.1 研究背景与问题提出

自 2013 年 10 月"一带一路"倡议正式提出以来,在中国政府的推动、沿线各国的参与以及各方组织的支持下,截至 2021 年底,参与共建"一带一路"的国家为 145 个,国际组织为 32 个,项目建设与合作也取得了阶段性的丰硕成果,"一带一路"实现了从愿景到规划再到实践的发展历程。"一带一路"倡议是中国政府在国际经济形势复杂严峻、全球经济格局面临深刻调整的背景下,统筹国际国内形势做出的重大战略部署,"一带一路"倡议为世界共同发展提供了全新的平台,也为中国继续深化改革、扩大开放提供了新的机遇,还为中国企业"走出去"提供了更为广阔的市场空间。得益于"一带一路"等一系列对外交流顶层设计的落实,一批重大项目付诸实施,一批有影响力的标志性项目也逐步落地。

"一带一路"倡议提出以来,中国对"一带一路"沿线各国的直接投资逐年稳步增长,商务部统计数据显示,截至 2021 年底,中国对共建国家非金融类直接投资额累计超过 1 680 亿美元,同期签署承包工程合同额接近 12 164 亿美元,完成营业额累计 8 107 亿美元。中国对"一带一路"共建国家的投资项目绝大多数是涉及投资金额大、周期长的大型项目[1],根据美国传统基金会(The Heritage Foundation)发布的"中国全球投资追踪"数据统计,2013~2019 年,中国对共建 56 个国家进行了 978 项大型项目投资,累计投资额 5 111 亿美元,年平均投资项目 140 项,年平均投资规模 730.14 亿美元,投资类别包括能源、不动产、金属、交通、农业、娱乐、公共事业、化学等行业。未来一段时间,随着"一带一路"建设的深入推进,中国将会继续加大在"一带一路"共建国家的项目投资。

"一带一路"建设在取得重大进展的同时,挑战和风险也逐步显现。"一带一路"共建部分国家政治局势动荡、宗教矛盾突出、社会环境不稳定,中东、西亚等地区也因其丰富的自然资源成为历年来西方国家争夺的战略要地,地缘风险突出,沿线各国经济发展水平参差、民族文化多元、投资环境复杂多变。近些年,中国企业在"一带一路"共建国家投资的项目由于东道国复杂多变的投资环境频频受阻、受挫,失败项目[2] (troubled transactions) 给中国企业带来了巨大损失。2018 年 7 月 13 日英国《金融时报》报道,"一带一路"倡议提出以后,中国在共建 66 个国家宣布投资的 1 674 项基础设施项目中,有 234 项受到了不同程度的阻碍。根据"中国全球投资追踪"数据统计,2013~2019 年中国在"一带一路"共建 25 个国家共有 46 项大型失败项目,涉及投资金额高达 524.70 亿美元,占中国对共建国家大型项目投资总额的 10.27%。从行业角度看,能源行业一直是

---

[1] 本书大型项目是指投资金额超过 1 亿美元的项目。
[2] 本书失败项目按照数据库公布机构的定义是指由于非商业因素导致投资被终止或停工的项目。

"一带一路"建设的重点行业，同时也是高风险行业，2013～2019年，能源行业共有22项大型失败项目，累计投资额高达290.40亿美元，占大型失败项目投资总额的55.35%，其主要原因可能在于能源行业是关乎国家安全的敏感行业，中国企业大规模的投资，很容易引起东道国的警惕、防备和阻扰，也会引起利益相关国的施压与阻碍。

由此可见，"一带一路"共建国家不稳定的投资环境会给中国在共建国家的项目投资带来挑战与威胁，东道国风险也已经成为影响"一带一路"建设的重要因素。习近平同志2019年在第二届"一带一路"国际合作高峰论坛中提出了高质量共建"一带一路"的系统思想，此后逐步形成较完善的思想体系，这标志着"一带一路"建设即将开启高质量发展的新征程。因此，如何精准、全面识别并测度东道国风险，如何在最大程度上规避与化解东道国风险给中国在"一带一路"共建国家项目投资带来的不利影响，从而有效防范项目风险，最大程度上确保中国对沿线国家项目投资的顺利实施，实现项目投资从数量到质量上的转变，推动"一带一路"建设高质量发展，已经成为中国政府和企业面临的重要课题。

已有研究关于东道国风险测度指标体系忽视了一些中国在"一带一路"共建国家进行项目投资时特有的重要风险影响因素，已测度的东道国风险数据也不够连续与全面，无法从中观测到沿线国家长时间序列的年度风险变化情况。另外，针对东道国风险对中国在"一带一路"共建国家项目投资影响的研究相对比较匮乏，多数研究是基于中国对外直接投资的宏观视角，并且得出的结论东道国风险与中国对外直接投资关系存在二元性，造成这些研究不够严谨的原因可能是学者们直接从宏观数据库获取单一或者少量数据衡量东道国风险，忽视东道国风险的复杂性而造成模型估计误差。由此可见，构建完善的"一带一路"共建国家项目投资风险指标体系并选择合适的测度方法还需要继续探索，关于东道国风险对中国"一带一路"项目投资影响的相关结论需要进一步验证。

基于此，本书提出以下研究问题：第一，如何全面、精准识别与测度东道国风险？第二，东道国风险对中国在"一带一路"共建国家项目投资影响的作用机理是什么？东道国不同类型的风险是否都会显著影响中国对共建国家项目投资的流向？原因是什么？东道国不同类型的风险是否都显著影响"一带一路"项目投资的成效？在不同情景下，是否存在异质性？是否存在调节机制？如果存在，作用机理是什么？第三，如何通过有效化解东道国风险带来的不利影响来提高"一带一路"项目投资成功率，进一步防范项目风险，确保"一带一路"项目高质量实施？

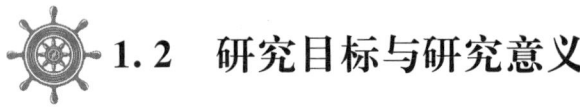 1.2 研究目标与研究意义

1.2.1 研究目标

首先,在对东道国风险与中国对外直接投资相关研究的文献进行梳理后,本书旨在构建系统符合我国国情的"一带一路"共建国家项目投资风险测度指标体系,选用合适的方法测度共建国家不同维度的风险,以期较为客观、全面地测度与评价东道国风险;其次,进一步探究东道国各维度风险对中国在"一带一路"共建国家项目投资流向和成效的影响,并进行实证检验,以期厘清东道国各维度风险影响中国在沿线国家项目投资的作用机理;最后探寻有效的"一带一路"项目风险防范策略,以期从东道国风险治理角度提出有效的项目风险应对举措。

1.2.2 研究意义

上述研究目标的实现不仅有助于中国企业了解东道国的投资环境,客观评估项目风险,及时采取风险应对措施,确保项目顺利实施,进一步优化企业对外投资决策,更有助于"一带一路"建设的高质量发展,同时也可以为国家从微观层面推动企业更好地规避东道国风险提供新思路。本书的研究具有重要的理论和现实意义。

(1) 理论意义。

第一,丰富了国家风险测度的理论研究。本书从多个角度构建了较为全面和科学的国家风险综合测度指标体系,并将体现对华关系的风险因素纳入其中,为保证风险量化的客观性,全程采用非主观的熵值法对指标进行赋权与测算,最大限度避免了主观因素的干扰,最终测算出2005~2019年38个"一带一路"共建国家的政治、经济、社会和综合风险值,并对其进行评价。相关研究成果弥补了现有文献关于东道国风险测度中"中国因素"缺失以及指标赋权主观性问题,丰富了东道国风险测度的指数研究,还为"一带一路"建设提供了较长时间序列的国别风险数据支撑。

第二,丰富了国家风险与中国在"一带一路"共建国家项目投资影响因素方面的理论研究。本书厘清了东道国各维度风险影响"一带一路"项目投资流向和成效的作用机理,并将"一带一路"倡议与双边投资协定作为调节剂纳入二者关系分析框架,进一步拓展了"一带一路"倡议和双边投资协定对东道国风险影响项目投资调节作用的研究。相关理论与机理分析为中国企业在"一带一路"共建国家项目投资的风险研究提供了理论支撑,对

全面理解中国企业的投资行为具有重要理论意义。

第三，丰富了海外投资项目风险防范的理论研究。本书基于风险传导理论和脆弱性理论构建"一带一路"项目风险形成框架，以该框架为基础，对导致"一带一路"项目失败的风险事件及项目脆弱性进行解析，并对在建项目可能面临的风险事件进行预测，最后从东道国风险治理以及降低项目脆弱性角度为"一带一路"项目风险应对提出对策建议。研究成果为海外项目风险防范提供了理论支撑。

（2）现实意义。

第一，为中国企业防范"一带一路"项目风险提供了新思路。本书不仅对"一带一路"共建国家的风险进行全面识别与测度，而且实证检验了东道国综合风险以及各维度风险对中国"一带一路"项目投资的影响。从实践角度，这有助于中国企业在进行"一带一路"项目投资时，审慎关注东道国的政治、经济、社会等不同维度的国家风险，针对不同风险带来的不利影响，有效识别项目风险。

第二，为中国签署高质量的投资协定提供经验证据，有助于推进"一带一路"建设的高质量发展。本书实证检验了"一带一路"倡议和双边投资协定在东道国风险与中国"一带一路"项目投资中的调节效应，与中国企业的"风险偏好"特征，这并不是鼓励企业去高风险的国家投资，而是强调在既定的客观条件下，中国政府能通过提供更高质量的投资协定和海外投资政策，为中国企业"走出去"保驾护航。

第三，为中国企业海外投资决策提供依据，有助于"一带一路"项目高质量实施。本书以中国企业在"一带一路"共建国家已完成的大型项目以及失败项目为样本，通过分析失败项目的追踪以及典型案例的风险特征，并进一步探讨现阶段在建项目面临的挑战和风险，探究项目风险演变规律，最后从国家、企业和项目层面提出可实施、可操作的风险化解对策与建议。

1.3 相关概念界定

1.3.1 "一带一路"项目投资

对外直接投资（Outward Foreign Direct Investment，OFDI）通常是指跨国企业以货币、实物等生产要素为实现价值增值而进行的海外跨国运营行为（杜奇华，2009）。

项目投资（Project Investment）是指完成一次预期的投资任务。世界银行将其定义为在规定的期限内，为完成某项开发目标或某组开发目标而独立进行的投资活动，包括立项、评估、设计、施工和建成投产等过程。

依据以上概念，本书所指的中国"一带一路"项目投资为中国企业以货币、实物等资产或权益的方式在"一带一路"共建国家或地区为完成某项预期目标而独立进行的非金融类跨国投资行为。

1.3.2 东道国风险

在中国企业对"一带一路"共建国家进行项目投资过程中,受东道国因素的影响,有时会导致投资环境不确定,进而会给项目本身或者投资主体的预期目标带来负面影响(贾若愚,2016)。根据研究目标,本书将东道国风险定义为中国企业进行"一带一路"项目投资过程中在共建国家所面临的可能导致项目受损的危险程度,它源于东道国政治、经济、社会等环境变化所导致的项目损失暴露。

1.4 研究思路与技术路线

1.4.1 研究思路

本书的总体思路按照"提出问题"→"分析问题"→"解决问题"的技术路线展开。具体研究思路如下:通过对现有文献的梳理以及相关对外直接投资理论的阐述,从中国对"一带一路"共建国家项目投资流向和成效的视角出发,首先从理论层面分析东道国风险对中国"一带一路"项目投资的不利和积极影响及作用机理,"一带一路"倡议和双边投资协定对东道国风险影响中国在共建国家项目投资的调节效应。其次,对以下内容进行实证分析:一是对东道国综合风险以及政治、经济、社会三个维度的风险进行测度与评价;二是实证检验东道国各维度风险对中国"一带一路"项目投资流向的影响,并对项目投资的"风险偏好"特征进行实证解析;三是实证检验东道国各维度风险对中国"一带一路"项目投资成效的影响,并在此基础上进一步检验"一带一路"倡议和双边投资协定对二者关系的调节效应。最后在实证研究与案例分析结论的基础上,以项目风险形成框架为基础,从化解东道国风险带来的不利影响和降低项目脆弱性的角度,提出"一带一路"项目风险应对举措。

1.4.2 技术路线

根据上述研究目标和研究思路,本书的技术路线如图 1-1 所示。

第1章 绪论

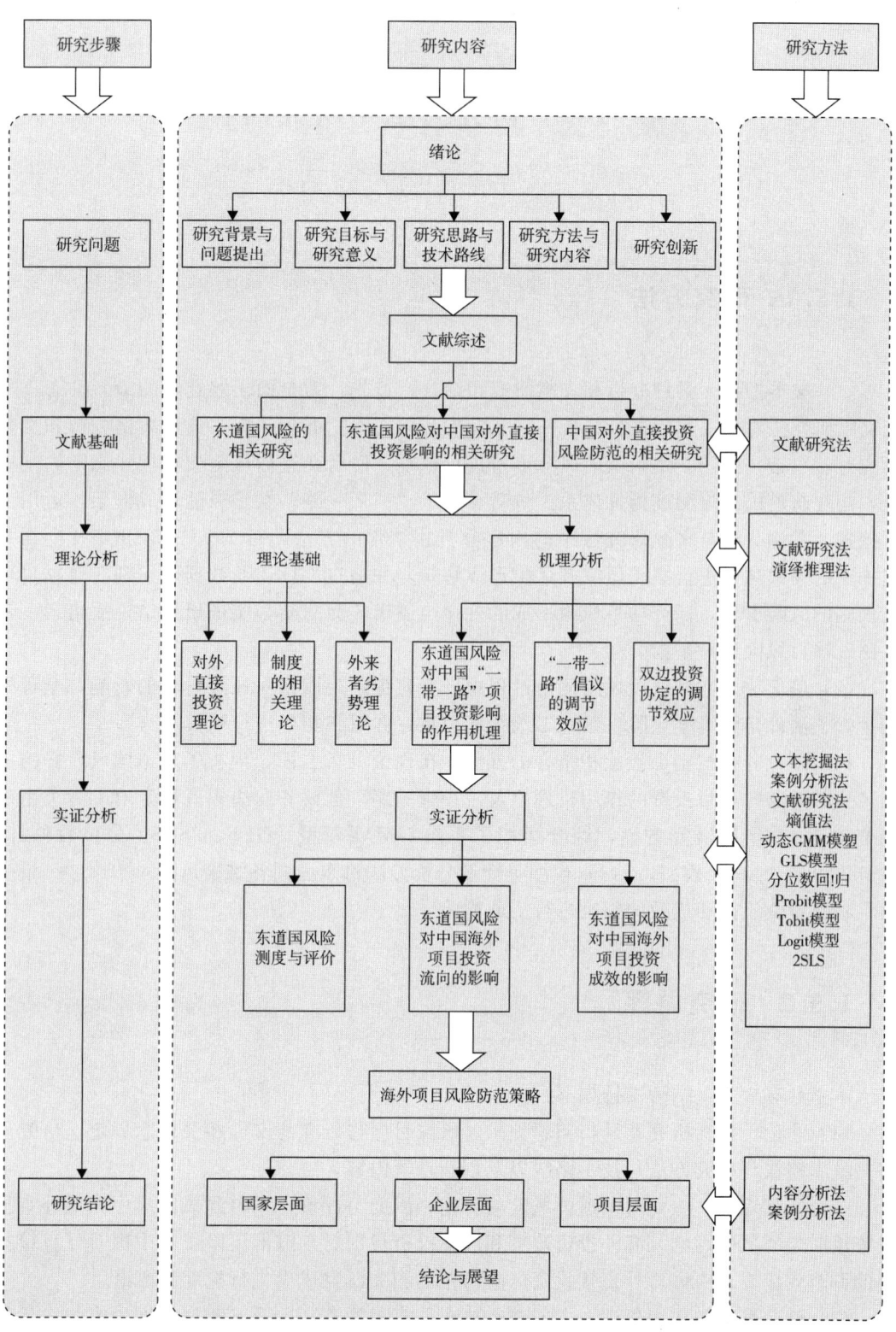

图1-1 技术路线图

1.5 研究方法与研究内容

1.5.1 研究方法

（1）文本挖掘、案例分析和文献研究相结合。首先，为全面了解选题的最新动态，采用文献研究法对相关文献进行系统梳理。其次，以文本挖掘为依据，选用案例分析和文献研究对"一带一路"共建国家的风险因素进行识别，而后在遵循风险指标构建原则的基础上，构建东道国风险测度指标体系。最后，基于"一带一路"共建风险形成框架，运用文本挖掘、案例分析与文献研究法中的内容分析相结合的方法，对2005~2019年发生在共建国家的失败项目进行案头研究及风险形成解析，并通过GDELT数据库识别在建项目可能面临的风险事件，探究项目风险形成的规律与逻辑，而后结合实证研究结论提出"一带一路"项目风险应对举措。

（2）熵值法。在东道国风险测度过程中，为避免主观因素对风险量化的影响，全程采用了熵值法确定各维度风险一级、二级指标权重，并对各指标进行赋权及测算。

（3）理论分析与实证检验相结合的方法。在理论分析方面，剖析了东道国风险影响中国"一带一路"项目投资的作用机理以及"一带一路"倡议和双边投资协定对二者关系的调节效应。在实证研究方面，综合运用了系统GMM模型、GLS、2SLS、分位数估计、Probit模型、Logit模型、Tobit模型等计量分析方法对东道国各维度风险对中国"一带一路"项目投资流向和成效的影响进行实证检验。

1.5.2 研究内容

本书共有8章，结构安排如下：

（1）绪论。包括研究背景与问题提出、研究目标与研究意义、相关概念界定、研究思路与技术路线、研究方法、技术路线以及创新点等内容。

（2）文献综述。主要对东道国风险的界定、测度与评价，东道国风险对中国对外直接投资流向与成效的影响，海外投资政策和国际投资规则对东道国风险影响中国对外直接投资的调节效应以及中国对外直接投资风险防范的相关研究成果进行梳理和评论。

（3）理论基础和作用机理。主要对经典对外直接投资理论及其扩展，即国家特定优势理论、资源基础理论、制度相关理论和外来者劣势理论进行全面阐述，在此基础上对东道国风险影响中国"一带一路"项目投资的作用机理进行分析,并进一步分析"一带一路"倡议和双边投资协定在东道国风险影响中国"一带一路"项目投资中的调节效应。

(4) 东道国风险测度与评价。根据国家风险相关理论,本章通过构建政治、经济、社会三个维度,24个具体指标的国家风险测度指标体系,采用熵值法对指标进行赋权及测算,最终测算出2005～2019年38个"一带一路"共建国家的综合风险值以及政治、经济、社会三个维度的风险值,并对其进行评价。

(5) 东道国风险对中国海外项目投资流向影响的实证分析。本章在前文东道国各维度风险测度的基础上,根据特征事实与作用机理引入计量模型,采用系统GMM动态面板回归实证检验东道国各维度风险对中国"一带一路"项目投资流向的影响,并对中国企业表现出的"风险偏好"特征做进一步实证分析。

(6) 东道国风险对中国海外项目投资成效影响的实证分析。本章基于失败项目的特征事实、所在国的风险事实以及作用机理构建模型,采用Probit模型和Tobit模型实证检验东道国各维度风险对中国"一带一路"项目投资成效的影响,并在此基础上进一步实证检验"一带一路"倡议和双边投资协定对东道国风险影响以及"一带一路"项目投资成效的调节效应。

(7) 海外项目风险防范策略。本章依据风险传导和脆弱性相关理论构建"一带一路"项目风险形成框架,基于该框架运用文本挖掘、案例分析与文献研究相结合的方法,对2005～2019年发生在"一带一路"共建国家的失败项目进行风险形成解析,通过GDELT数据库识别"一带一路"在建项目可能面临的新型风险事件,结合前文实证研究结论,最后从国家、企业和项目层面提出"一带一路"项目风险防范举措。

(8) 研究结论与展望。主要是对本书理论分析和实证研究的基本结论进行总结、梳理和归纳,在此基础上,对本书存在的不足和未来可能的研究方向进行了展望。

1.6 研究创新

在既有研究的基础上,本书的预期创新主要体现在以下几方面:

第一,本书采用了更加翔实的项目微观数据,实现了对"一带一路"项目投资特征的准确反映以及与东道国风险关系的更准确估计。现有文献对"一带一路"项目投资的研究大多使用商务部公布的宏观数据,而相比宏观数据,项目层面的微观数据更有利于分析项目风险,更能准确反映中国对沿线国家的项目投资特征以及与东道国风险的关系。因此,本书采用了更加精准和翔实的项目微观数据,并对1 398项大型"一带一路"项目和80项失败项目进行全样本统计分析,既弥补了已有研究缺乏微观数据的不足,也为"一带一路"项目投资研究提供了更全面的数据支撑。

第二,本书从不同维度深化了学术界关于东道国风险影响中国"一带一路"项目投资成效的作用机理以及"一带一路"倡议和双边投资协定对二者关系调节效应的认识。现有研究大多通过规范性研究对单一或者多个"一带一路"项目投资失败案例进行分析，继而探寻失败原因，在实证方面，一些学者基于企业海外并购数据研究东道国风险对海外并购失败的影响，但对"一带一路"项目投资缺乏直接的经验研究。本书在现有研究的基础上，首先从共性层面系统分析了东道国各维度风险对"一带一路"项目投资不利和积极影响的作用机理，厘清了东道国不同维度风险影响项目投资成效的作用机理。其次将"一带一路"倡议与双边投资协定作为调节剂纳入二者关系分析框架进行机理分析，厘清了"一带一路"倡议和双边投资协定对东道国不同维度风险影响项目投资成效的调节作用。最后采用多种计量方法对其进行实证检验，并进一步探讨了行业异质性与投资主体所有制异质性的影响。本书研究成果为东道国风险与"一带一路"项目投资成效的相关研究提供了理论支撑和经验研究，也拓展了已有文献关于"一带一路"倡议与双边投资协定对东道国风险调节效应的研究。

第三，本书为海外投资项目风险防范研究提供了新视角和方法。关于"一带一路"项目风险防范的研究，现有文献多是从典型案例出发，推测出项目所面临的共性风险并提出对策建议。项目风险的发生往往是因为其暴露在东道国不稳定的风险因素中，由于风险事件的发生最终导致了风险后果。因此，本书依据风险传导及脆弱性理论构建"一带一路"项目风险形成框架，以该框架为基础，基于"中国全球投资追踪"数据库和GDELT数据库，采用文本挖掘、案例分析和文献研究相结合的方法，对已宣告失败的"一带一路"项目进行风险事件和项目脆弱性解析，并对在建项目可能面临的新型风险事件进行预测，最后在实证结论的基础上，从东道国风险治理以及降低项目脆弱性角度为"一带一路"项目风险防范提出对策建议。本书研究丰富了当前学术界关于海外投资项目风险防范的成果。

第 2 章
文献综述

本章旨在从以下几方面对相关文献进行梳理和归纳：一是关于东道国风险的界定、构成、测度和评价；二是关于东道国风险对中国对外直接投资流向和成效的影响以及海外投资政策和国际投资规则对东道国风险影响中国对外直接投资的调节效应；三是中国对外直接投资风险防范的研究；最后对文献进行总体述评。

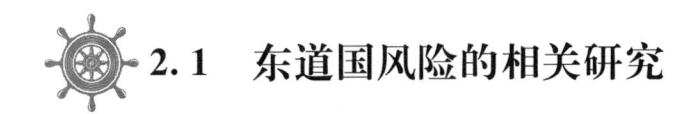

2.1 东道国风险的相关研究

2.1.1 东道国风险概念界定与构成维度的研究

关于东道国风险的概念界定，学术界并没有一个统一标准，因为某一国的风险是一个包含政治、经济、社会、文化、自然等多因素的风险集（李福胜，2004）。最早关于一个主权国家的风险研究是从国家风险界定开始的。20 世纪 50 年代，国家风险特指一国金融机构对开展跨国业务的企业提供贷款时需要承担的海外借贷风险（张明，2014）。20 世纪 60 年代，国家风险等同于政治风险，Root（1972）认为一国的政治风险包括转移风险、经营风险和资本控制风险。直到 Nagy（1978）提出了一个被广泛应用的概念，即东道国风险是因为某一国发生的无关企业和个人的事件而导致海外贷款遭受损失的风险。随后以 Meldrum（1999）为代表的西方学者，认为东道国风险是在跨国交易活动中面临的国内不曾出现过的风险。Meldrum（2000）首次将东道国风险的研究视角从政治层面扩展到了经济层面，认为经济、转移、汇兑、地域、主权和政治六要素共同构成了东道国风险。国内学者曹荣湘（2004）从广义层面上认为东道国风险是在国际资本流动、特定国家事件、东道国履约意愿与能力等多方因素共同影响下，投资主体遭受损失的可能性。Dunning 和 Lundan（2008）在区位选择理论中提出东道国风险是阻碍企业对外直接投资的负面因素。Kolstad 和 Wiig（2012）基于跨国投资的视角，认为若因东道国经济、政治等各种因素的波动，致使跨国投资企业在经营中可能遭受财务损失，这种可能性就是东道国风险。

由于国际环境处于动态变化中，不稳定因素也在时刻变化，因此对东道国风险每一次评价与分析的侧重点、涵盖面也会不同。迄今为止，学界对于东道国风险概念尚没有达成统一标准。近几年，国内学术界普遍将东道国风险界定为企业在进行对外直接投资过程中在东道国所面临的可能导致投资损失的危险程度，它源于因东道国政治、经济、社会等环境突变所导致的项目损失暴露（贾若愚，2016；余官胜和范朋真，2017；宋利芳和武皖，2018；方慧和宋玉洁，2019）。

针对东道国风险的构成，不同学者按照不同的视角对其进行了分类。王海军（2014）提出，东道国风险由社会政治、经济与自然三个风险维度构成，社会政治风险又可以具体分为政府决策、社会与政治三类风险，经济风险则涵盖源自于东道国经济结构、政策、货币、区位等因素的各种风险。经济合作与发展组织（OECD）认为东道国风险包括五个要素，一是债务人所在政府以命令方式叫停付款；二是因经济因素导致的贷款转移滞后；三是因法律因素对国际资金兑换的限制；四是外国政府阻止还款举措；五是包括战争、没收以及自然灾害等方面的不可抗力。

2.1.2 东道国风险测度与评价的研究

随着全球化的发展，企业在进行对外直接投资时需要通过可靠的有效渠道和方式了解东道国的投资环境以及风险状况，国家风险评级机构应运而生。现阶段，全球信用评级机构呈现标准普尔（Standard&Poor's）、穆迪（Moody's）和惠誉（Fitch）三足鼎立的垄断局面。此外，国际上还有一批比较知名的评级机构也进行国家风险评级，其中包括瑞典北欧斯安银行（SEB Merchant Banking）发布的《国家风险分析》，德国邓白氏（Dun & Bradstreet, D&B）发布的《国家风险报告》以及欧洲货币发行的《国家风险调查》等。随着中国对外直接投资的日益活跃，国内许多智库和机构也开始进行国家风险评级。中国的大公国家资信评估有限公司每年定期发布世界各国主权信用评级。中国出口信用保险公司对世界192个主权国家进行风险评级，并对67个与中国合作密切的国家进行深入分析，自2005年开始，持续发布《国家风险分析报告》。中国社会科学院世界经济与政治研究所也从2014年开始发布《中国对外直接投资国家风险评级报告》。

对东道国风险的量化评价，各国际评级机构的指标体系各有不同。美国国际国别风险评级指南机构（ICRG）的指标体系采用应用清单分析方法，分设两级指标对国家风险进行细化，其中一级指标有3项，分别包括政治风险50%、金融风险25%和经济风险25%；二级指标有22项，数值由实际数据和专家打分共同构成，之后根据专家调研分别赋予其不同的权重；最终根据不同的分值，国家风险的排名一目了然。标准普尔和穆迪采用序数评级法，按照各个风险值的大小进行排序，采用定性分析与定量分析相结合的方法进行测度。还有一些评级机构对一级指标的权重采用简单的算术平均数。这些指标体系对国家风险的评估，是基于发达国家情况构建的框架，发展中国家仅能对其做有选择性的参考。

在国际评级机构指标体系的基础上，国内学者在东道国风险测度与评价方面纷纷开展创新性研究，尝试实现跨学科式突破。宋维佳和熊宏韬（2013）以装备制造业企业为研究对象，借助于等级全息模型，采用专家调研法，对该类企业的海外并购风险做出定性分析与多层次识别，在繁杂的风险因素中，抓取到关键性因素。李春花（2013）采用BP神经网络法，通过专家打分对风险清单进行指标赋权，最后测算出风险值，达到风险量化识别的目的。胡俊超和王丹丹（2016）从政治、经济、主权以及社会风险的角度出发，采用主成分分析、因子分析、聚类分析和判别分析的方法，对"一带一路"共建国家的国别风险进行了测度与评价。张碧琼等（2018）通过构建可观测指标评分法的国家风险评估体系评估了"一带一路"共建国家的投资风险。Duan（2018）采用熵权模糊综合评级方法评价了"一带一路"共建国家能源行业的投资风险。刘海猛等（2019）采用全局自相关分析和冷热点分析评估了"一带一路"沿线 74 个国家的综合风险。唐晓彬等（2020）构建了"VHSD-EM"模型并测算了"一带一路"共建国家的投资风险指数。

 2.2 东道国风险对中国对外直接投资影响的相关研究

就现有文献看，针对东道国风险对中国对外直接投资影响的研究，主要聚焦在东道国各维度不同风险影响中国对外直接投资的流向、规模、进入模式、成败等方面的研究，近些年学者们也将海外投资政策、国际投资规则中的一些因素作为一种调节剂纳入到对外直接投资研究的框架中。根据本书研究目标，本部分将从以下三方面进行文献梳理。

2.2.1 东道国风险对中国对外直接投资流向影响的研究

针对东道国风险对中国对外直接投资流向影响的研究，现有文献大多是从国家风险的构成要素着手，或是侧重政治、经济、社会等某一类风险，或是将多种类型的风险综合研究。通过对现有文献的词频统计，政治风险、经济风险、金融风险、社会风险、制度风险为高频词汇。理论界对制度风险和政治风险并无明确界定，与制度风险相比，政治风险范围更大，金融风险也往往包括在经济风险中。因此本书将从东道国政治风险、经济风险、社会风险以及综合风险四个角度进行文献梳理。

（1）基于东道国政治风险角度。

东道国政治风险对对外直接投资流向的影响一直是学术界研究的一个重要问题。现有文献大致有以下几种观点。

一部分学者研究发现，东道国政治风险与企业对外直接投资负相关。政治风险通常指国家的政治环境中存在的不确定性，如政策变化、领导人更迭、意识形态冲突等。早期关于东道国政治风险对对外直接投资的影响，西方学者认为，东道国政治风险会诱发各种不确定、不可控隐患，会给对外直接投资产生负面影响，东道国稳定的政治环境、良好的治理水平能吸引企业进行对外直接投资。鲁明泓（1999）研究发现，当一个国家处于政治清廉、法律健全、市场透明的状态下，投资主体会偏向在该国进行直接投资。Harm 等（2002）研究发现，民主化程度高、政治风险低的国家，在吸引对外直接投资方面更具优越性。Buckley（2007）研究发现，在东道国宽松的制度环境中，交易成本相对较低，也就更容易吸引到对外直接投资。蒋冠宏（2015）研究发现，东道国的政治环境与法律环境越好，中国企业所需要承担的风险就越低，更容易对其进行对外直接投资。

一部分学者研究发现，东道国政治风险与企业对外直接投资并不高度相关，即东道国

政治风险不是影响对外直接投资的决定性因素,且政治风险对企业对外直接投资的经营活动不存在显著影响。Dunning(1986)和 Wheeler&Mody(1992)研究发现,东道国政治风险对跨国企业的对外直接投资活动不产生影响。Globerman 和 Shapiro(2003)研究发现,东道国的社会动荡和武装冲突对海外企业的盈利能力不会造成实质的影响。Quer(2012)的研究结论也证实了东道国政治风险对企业对外直接投资的经营活动不存在明显的影响。张雨和戴翔(2013)借助于面板数据模型进行研究后发现,东道国政治风险对中国资本输出的影响微乎其微。

然而,国内外很多学者认为东道国政治风险对中国对外直接投资的影响不同于其他国家,即东道国政治风险与中国对外直接投资正相关,也就是说,中国对外直接投资存在"政治风险偏好"的现象。Buckley 等(2007)研究发现,中国对外直接投资具有特殊性,表现出明显的"制度风险倾向",中国的对外直接投资大部分流向了地理距离近、可发展市场空间大、自然资源丰富但制度风险较高的国家。Chen 等(2016)研究发现,中国企业往往会偏好将资金投向技术密集、资本密集的行业但政治风险偏高的国家。杨娇辉等(2016)基于2003~2014年中国对外直接投资区位分布的流量数据,使用面板分位数模型考察了东道国制度风险与中国对外直接投资区位分布之间的关系,研究结果显示,中国对外直接投资更多的流向了经济发展水平低、自然资源丰富但制度风险偏高的国家。朱兰亭和杨蓉(2019)基于2006~2016年中国对"一带一路"共建国家的直接投资数据,采用国际国别风险指南(ICRG)风险指标衡量东道国政治风险,发现了明显的"政治风险偏好"现象。付韶军和张璐超(2019)研究发现,如果中国企业对东道国政治风险有高度的承受性,也会针对非洲一些政治风险很高的国家进行大量投资。

对于中国企业的"政治风险偏好"现象,很多学者也进行了深层次的原因剖析。Morck 等(2008)认为,自然资源丰富的东道国往往政治环境比较差,但基于资源寻求的动机,中国企业往往没有选择,不得不承担更高的政治风险。张建红(2010)认为在对外直接投资过程中,政治敏感型行业往往会使东道国政府出于保护本国利益而做出违约行为,导致这些行业面临更大的政治风险。Ramasamy(2012)研究发现,寻求自然资源在很大程度上驱动着中国实施对外直接投资行为,并且"政治风险偏好"这一属性在国有企业身上体现的更加深刻。马亚华和冯春萍(2014)研究发现,"一带一路"倡议加大了东道国以及第三方国家对中国对外直接投资的威胁感,虽然中国企业的对外直接投资活动是一种经济行为,但中国政府的推动导致西方国家认为中国对"一带一路"共建国家的直接投资是中国政治战略的载体,这种认识上的偏差和政治上的过度敏感,使西方国家对中国的倾向性投资产生不满,由此将中国企业的对外直接投资置于更高的政治风险境地中。在针对"一带一路"共建国家投资阶段,国有企业是不可或缺的存在,其国有属性也进一步加大了对外直接投资的政治风险。李诗和吴超鹏(2016)研究发现,中国企业的对外直接投资动机在某种程度上是为了保障资源安全和获取战略资源,与其他行业相比,自然资源、国防等相关行业,具有极高的政治敏感性。李笑和华桂宏(2020)研究发现,中国技术寻求和市场寻求型企业的对外直接投资更趋向快速流入政治风险较高的东道国。白力和王明生(2022)研究表明,东道国政治风险中的外部冲突、法律秩序因素对中国对外直接投资具有显著的正向影响，同时部分东道国资源丰富在一定程度上降低了政治风险带来的损失。另外，在"一带一路"倡议的推动下，中国企业往往存在政府推动因素下的区位选择，但"一带一路"共建国家大多政治制度、法律制度不完善，政治环境不稳定（曹亚军和胡婷，2021；胡赛和胡必亮，2022）。

（2）基于东道国经济风险角度。

通过对现有文献的梳理发现，国内外学者关于东道国经济风险对对外直接投资的影响没有得出一致的结论。一部分学者认为东道国经济风险对对外直接投资产生了负向影响。Jay van Wyk（2008）通过研究发现，东道国经济风险在发展中国家吸引外资流入方面起到消极的作用。Ghosh 和 Li（2009）以中东、北非等十几个国家为研究对象，着重探究了其面对 GDP 增长、通货膨胀、失业率升高等冲击时所要承担的投资风险，提出相较于石油储备，国家良好的经济政策对外资具有更强的吸引力。

还有部分学者提出，东道国的经济风险没有阻碍中国的对外直接投资，反而会促进中国对外直接投资。Cheng 等（2010）研究发现，中国对外直接投资与东道国市场可发展空间呈现正相关。余官胜（2017）研究发现，在不同的维度上，中国对外直接投资呈现出不同的倾向。在集约增长维度上，表现出风险规避性；在扩张维度上，表现出风险偏好。蔡承彬（2019）通过研究发现，中国企业在海外工程项目与对外直接投资上存在"经济风险偏好"的现象。

（3）基于东道国社会风险角度。

相对于政治风险和经济风险，专门研究东道国社会风险对对外直接投资影响的文献相对较少。关于东道国社会风险的研究主要集中在对外直接投资过程中有关社会风险的识别、社会风险给投资主体带来的损失以及关于社会风险的防范等方面。

邱立成等（2012）研究发现，中国企业在经济发展水平高的国家进行直接投资时容易遭受环保制度等社会风险干扰。孙海泳（2016）研究发现，东道国国内环保、原住民权益等社会风险会对中国海外基础设施投资产生负面影响。沈铭辉和张中元（2016）通过对典型案例的研究发现，中国企业在对外直接投资过程中存在与当地居民的矛盾、恶性事故频发等社会风险问题。刘希等（2017）通过研究发现，文化交流显著降低了中国对外直接投资的风险。刘海猛等（2019）通过研究发现，中国对"一带一路"共建国家的投资，呈现出投资量大、社会风险高并存的"投资悖论"现象。杨玲花和汪伟民（2020）通过 431 份样本问卷调查发现，东道国社会风险影响着东道国民众对中资企业的社会信任，从而对企业投资意愿产生显著影响，尤其是对民营企业家的主观投资意愿。

（4）基于东道国综合风险角度。

总体来看，国内外学者就东道国风险对企业对外直接投资的影响研究主要还是集中在政治风险、经济风险、金融风险和制度风险等不同类型的风险对对外直接投资的影响。关于东道国综合风险与对外直接投资的关系研究文献较少，主要原因是由于东道国风险的概念界定不统一，很多学者将政治风险或者主权风险等同于东道国风险。随着"一带一路"投资项目的日益增加，近些年关于东道国综合风险与中国对外直接投资的研究逐渐成为一个热点。

部分学者认为中国对外直接投资并没有表现出真正意义上的"东道国风险偏好"特征。陈丙利（2015）研究发现，企业对外直接投资的动机不同，东道国综合风险对其产生的影响也不尽相同，在对外直接投资过程中，具有资源寻求动机的投资会表现出风险偏好的特征，而具有市场寻求动机的投资则表现出明显的风险规避特征。以战略资产寻求动机的投资，一般来说与东道国综合风险并没有太大关系。此外，东道国综合风险对不同类型企业的影响程度也不同，例如，国有企业一般表现出风险偏好属性，而民营企业则存在风险规避意识。曾剑宇等（2017）实证检验了东道国综合风险对中国对外承包工程的影响，研究结果表明，中国对外承包工程表现出显著的"东道国风险偏好"特征，但这种风险偏好并不是真正意义上的风险追逐，而是为了开拓东道国市场所必须承担的一部分东道国风险。王正文等（2018）研究发现，在针对"一带一路"共建国家的投资中，东道国综合风险在很大程度上抑制了中国向沿线国家进行贸易和投资。兰洁和林爱杰（2021）研究表明，东道国综合风险、政治风险、经济风险、金融风险对中国企业海外并购绩效均产生负向影响，其中政治风险的影响最为显著，而良好的对华关系对中国企业海外并购绩效能产生正向作用。

另一部分学者则认为，中国对"一带一路"共建国家的投资具有明显的"国家风险偏好"特征。黎绍凯、张广来、张杨勋（2018）为探究中国对"一带一路"共建国家直接投资的影响，在研究中构建二阶段引力模型，分别从区位选择、投资行为两个层面，阐述了东道国综合投资风险指数和距离因素在其中发挥的作用。他们发现，前者产生正向促进作用，后者中的制度、经济与地理距离等因素起到负向作用。方慧和宋玉洁（2019）基于"一带一路"共建国家，构建投资风险评估指标体系，截取了2013~2017年期间的相关数据，利用因子分析法对沿线国家的各方面风险做出测度，发现综合风险较高的国家，尤其是政治军事、社会文化等风险较高的国家，是这段时间内中国直接投资较多的共建东道国。朱兰亭和杨蓉（2019）通过研究发现，2006~2016年，中国对"一带一路"共建国家的投资具有政治风险和金融风险偏好的特征，经济风险对其影响不显著。

2.2.2 东道国风险对中国对外直接投资成效影响的研究

对外直接投资受阻或失败通常是指投资双方或者多方已经达成初步协议，但由于外部因素，比如政府干预、资源保护、国家安全、生态环境保护等因素导致交易中止、夭折的情况。通过对现有文献的整理发现，国内外学者对东道国风险对中国对外直接投资成效的影响展开了大量研究，但由于国别、行业、研究方法等不同并未形成统一定论，尤其是中国企业在"一带一路"共建国家的项目投资成效是否受到东道国风险的影响这一问题缺少系统、深入的研究。

部分学者通过研究发现，东道国风险增加了中国企业对"一带一路"共建国家项目投资失败的概率。而部分学者则认为，东道国的高风险并未阻碍中国企业进行对外直接投资，也没有增加投资失败的概率。但针对东道国各维度风险对对外直接投资成效的影响研究较少,学者大多通过规范性研究方法对单一或者多个海外投资失败案例进行调研探寻失败原因。因数据受限,在实证方面,较多学者通过对外直接投资中的企业并购来进行研究。杨棉之和孙超(2014)研究发现,东道国风险尤其是政治风险对海外并购失败具有显著影响。胡杰武和韩丽(2017)研究发现,东道国综合风险、金融风险和经济风险对我国上市公司跨国公司并购的短期和长期绩效均呈现显著负向影响。现有文献关于东道国风险对海外项目投资成效的影响缺乏直接的实证经验。

国外学者认为,国家之间的制度差异以及社会文化差异会影响对外直接投资的成效。Thomas 和 Grosse(2001)通过实证研究发现,东道国的经济风险以及法律制度是企业进行对外直接投资的重要影响因素,东道国法律制度不健全会严重阻碍企业进行对外直接投资。早期企业进行对外直接投资时,资源导向以及市场导向的目的比较明确,随着经济的发展以及技术的进步,技术寻求型的对外直接投资项目越来越多,企业通过技术垄断性优势进行产业升级,但企业对风险规避的忽视导致部分海外项目受阻。Busse 和 Hefeker (2007)认为,东道国较高的政治风险会导致投资环境恶化,东道国严重的产权不清以及腐败问题导致企业对外直接投资失败。Jimenez 等(2011)研究发现,企业在进行对外直接投资时为了避免投资失败往往选择政治风险偏低的国家。Kolstad 和 Wiig(2012)研究发现,发展中国家为了在对外直接投资中获得高额收益往往选择风险更高的国家,因此对外直接投资失败的概率远远高于发达国家。

国内学者基于中国基本国情针对中国企业对外直接投资成效与东道国风险的关系,展开了比较深入的研究。向洪金等(2009)认为,每个国家都有自己的政治、经济立场,这也使得国家对外往来之间难免会存在利益冲突。鉴于对外直接投资周期长、成本高等,当东道国与投资母国在政治层面出现分歧时,东道国政府为了捍卫本国利益不受侵犯,往往会利用其优势地位,将冲突成本转嫁给在其境内的投资母国企业,致使该企业陷入产权无效或低效的窘困境地,更严重的甚至会没收该企业资产。所以,一旦东道国与投资母国出现政治纠纷,投资母国的投资将遭遇恶劣对待,致使投资成功的可能性大幅降低。张雨和戴翔(2013)研究发现,中国企业当前热衷于对外直接投资,东道国的政治风险并不会打消这种热情。朱华(2017)通过研究发现,中国国有企业更容易由于东道国的经济和法律制度的影响而增加失败的概率。陈岩和郭文博(2018)研究发现,由于母国经济威慑力可以在一定程度上缓解东道国政治风险的影响,因此东道国政治风险并没有降低中国国有企业海外并购的成功率。金刚和沈坤荣(2019)提出,"一带一路"倡议下,中国对沿线各国在基础设施方面的投资加大,但问题项目并没有显著增加,而制度差异会显著增加问题项目发生的概率。张晓涛、王淳、刘亿(2020)等通过对问题项目案例的研究发现,东道国政治风险仍是问题项目遭遇的主要风险,但除了东道国政治风险外还存在企业自身由于投资决策失败或者实施过程存在的问题引起的风险。

2.2.3 海外投资政策和国际投资规则对两者关系调节效应的研究

在经济全球化的时代背景下,世界各国都致力于促进良好的政治关系。诸多文献表明，良好的双边政治关系对于促进政治互信、达成合作协议、促进母国企业对外直接投资增长有十分重要的意义。经典对外直接投资理论认为，特定的竞争优势是企业对外直接投资不可或缺的前提条件。相较于发达国家，发展中国家往往难以在重要领域获得竞争优势，特别是影响力极大的所有权优势、制度优势等。所以，双边政治关系的存在，被视为发展中国家对外直接投资的重要保障（Egger & Pfaffermayr，2004）。部分研究表明，双方政治关系友好，对中国的对外直接投资大有益处（刘晓光、杨连星，2016）。因此，各国均通过制定相关的政策、倡议、签订双边或多边协议来缓解企业对外直接投资的风险和阻力。在此形势下，将海外投资政策和国际投资规则纳入中国对外直接投资的分析框架成为一个研究的热点。为此，国内外学者纷纷展开了针对性研究，其中以"一带一路"倡议和双边投资协定（Bilateral Investment Treaty，简称BIT）为主。

（1）"一带一路"倡议的调节效应。

"一带一路"倡议提出以来，对该倡议在中国对外直接投资中所产生的作用的研究越来越多。相关研究大致可以分为两类：一类是关于"一带一路"倡议作为一种海外投资政策对中国对外直接投资的影响；另一类是将"一带一路"倡议引入中国对外直接投资分析框架，将其视为一种调节剂，研究东道国风险与"一带一路"倡议交互项对中国对外直接投资的影响。

关于"一带一路"倡议作为一种海外投资政策对中国对外直接投资的影响。孙楚仁等（2017）通过实证研究发现，"一带一路"倡议下显著提高了中国对共建国家的出口规模。孙焱林和覃飞（2018）研究了"一带一路"倡议的企业对外直接投资风险降低效应。吕越等（2019）为了验证"一带一路"倡议的实效性，选择双重差分法进行研究，实证结果表明，"一带一路"倡议有助于中国企业在共建国家的绿地投资。张鹏飞和谢识予（2020）研究发现，"一带一路"倡议能显著增加中国对外直接投资的总额和次数。肖建忠等（2021）研究发现，"一带一路"倡议明显提高了中国企业对"一带一路"共建国家能源投资的规模和质量。刘霞、王谊、祝继高（2021）研究发现，"一带一路"倡议显著提高了全要素生产率不高、非资本密集型企业的海外营业收入。

关于东道国风险与"一带一路"倡议交互项对中国对外直接投资的影响。田晖等（2018）研究发现，"一带一路"倡议对政治、经济、法制制度因素影响中国企业对"一带一路"共建国家直接投资区位选择存在干扰作用的调节效应。金刚和沈坤荣（2019）研究发现，"一带一路"倡议显著增加了中国对"一带一路"共建国家交通行业的投资，且并未带来问题项目的增多。Sutherland等（2020）研究发现，"一带一路"倡议增强了东道国制度脆弱性对中国对外直接投资的正向影响，亦即促进了中国企业对法律环境薄弱、政府治理水平低的国家进行投资。胡必亮和张坤领（2021）通过研究发现，"一带一路"倡议在制度水平较低的东道国对制度质量对中国对外直接投资的影响起到了正向调节作用。强国令和徐会杰（2021）研究发现，"一带一路"倡议通过降低企业对外直接投资的成本，缓解对外投资风险，显著提高了企业的海外投资水平。邱煜等 2021)研究发现，"一带一路"倡议没有增加共建国家的债务风险，且对沿线政治风险高的国家债务风险有抑制作用。

(2) 双边投资协定的调节效应。

双边投资协定作为国家间的法律协定，在当下的国际投资中得到了广泛性应用，其初衷是两个国家在保障自身权益不受非法侵害的基础上，尽可能地保障对方权益，赋予对方特权、鼓励、促进双方投资。作为正式签署的合约也是保护双边投资的主要法律制度，双边投资协定已经成为调节和规范企业对外直接投资的主要手段，也已成为提升国际投资关系的重要法律制度因素。双边投资协定是中国企业"走出去"的重要制度保护，近些年，关于双边投资协定与中国对外直接投资的议题一直是研究的热点。

通过文献梳理，从双边投资协定对中国对外直接投资影响的角度看，大部分学者都秉承同样的观点，即签订双边投资协定对企业对外直接投资的成功率存在提升作用，且还能够优化企业对外直接投资状况。宗芳宇等（2012）、杨宏恩等（2016）认为，双边投资协定可以促进中国对外直接投资。Bekker等（2013）提出，相较于对外直接投资保险，双边投资协定的可靠性与防范性更强。Williams等（2017）通过研究发现，母国可以通过双边投资协定保障对外直接投资的公平与优惠待遇，从而实现对投资风险与成本的有效控制。但也有一些学者认为双边投资协定对对外直接投资的促进作用不显著。比如董有德和赵星星（2014）认为双边投资协定没有对中国对外直接投资产生显著影响。

基于双边投资协定与东道国风险的交互项对中国对外直接投资调节效应的角度，交互理论认为双边投资协定在一定程度上作为东道国制度的替代或者补充以吸引对外直接投资。Tobin和Rose-Ackerman（2005）使用双边投资协定与东道国不同的政治风险指标交互，发现双边投资协定对对外直接投资的显著正向影响是通过政治风险传导的，且依赖于东道国政治稳定的最低水平。国内学者张中元（2013）、邓新明和许洋（2015）、李平（2014）研究发现双边投资协定在不同的东道国制度水平下对中国对外直接投资的影响不同，双边投资协定显著促进中国对制度水平低的东道国进行直接投资。

针对上述不一致的观点，近几年，国内外学者开始探讨双边投资协定的质量对对外直接投资的影响。因为同时期大多数的双边投资协定框架基本一致，但企业进行对外直接投资对于权益保障的诉求因其行业、投资模式、企业性质等不同而存在差异，因此，对双边投资协定的质量要求也不尽相同。Myburgh等（2016）、Williams等（2017）、Aisbett等（2018）研究发现，如果对外直接投资主体在东道国遭受不公对待，且经营受到冲击而有所损失，则其将会以投资者—东道国投资争端条款要求东道国的巨额赔偿，东道国并不能随意对在其境内的投资企业予以不公对待，其针对投资企业所做出的相关违法行为都会受到上述条款的约束。从这个层面来说，当双边投资协定载明了强有力的投资者-东道国投资争端条款，将会对海外投资产生更强的吸引力。Dixon等（2016）通过研究发现，准入前国民待遇、公平待遇、业绩要求等条款是高质量双边投资协定所不可或缺的。对外直接投资往往承担着高昂的沉没成本，当跨国公司长期投资某一东道国，那么议价能力就会随之转移，此时东道国一改之前的身份地位，获得了变更投资国投资待遇的砝码，有可能为了追求短期利益，而对投资国采取政策施压等特定的外资歧视手段。杨连星等（2016）研究发现，母国可以通过提高双边投资协定的质量，适当增加东道国违约的事后成本，以此对东道国产生震慑，降低企业对外直接投资失败的概率。

 2.3　中国对外直接投资风险防范的相关研究

国内学者立足于"一带一路"建设的高质量发展，从宏观、微观视角对中国对外直接投资风险防范进行了深入探讨。

2.3.1　基于宏观视角风险防范的研究

从宏观层面防范中国对外直接投资风险，主要是针对东道国风险，在国家和政策层面提出应对方案。宗芳宇等（2012）研究发现，双边投资协定有助于促进签约国之间的对外直接投资。周五七（2015）在研究中国对"一带一路"共建国家投资格局演变过程中发现，中国正面临着沿线国家对"一带一路"倡议认同度参差不齐、投资主体对周边地区投资不均衡等风险，并针对存在的风险提出了对策建议。李晓（2015）立足"一带一路"倡议背景，对中国企业投资印度所面临的问题加以剖析，提出政府和企业要齐心协力从全球视角、区域层面、双边关系等方面着手妥善处理好中印关系。张纪凤（2015）等针对中国对东盟的投资现状，提出投资应当与时俱进，并提供了升级方向和具体举措。胡兵（2015）研究发现，中国对非洲国家的发展援助，对企业开展对外直接投资活动有明显的促进效应。王凡一（2016）在研究中国对外直接投资发展前景中提出，中国当前面临着包括投资环境、货币金融等在内的各种风险，但是为促进对外直接投资的可持续发展，对风险不能一味回避，而后提出了有效且有针对性的应对方法。刘晓光和杨连星（2016）研究发现，良好的双边政治关系能够削弱由于社会政治风险给企业投资带来的负面效应。龙静（2016）从机遇和挑战两个方面对中国在东欧地区的投资做出分析。杨宏恩（2016）研究发现，双边投资协定对中国对发展中国家直接投资有显著的正向作用。黄卫平（2016）就中国投资欧洲地区的历程、现状加以阐明，并深刻剖析当下存在的问题，结合"容克计划"，提供对欧投资的方向和路径。聂娜（2016）基于宏观管理视角，对中国投资"一带一路"共建国家的风险展开探究，根据风险来源进行分类分析，并提出应当建立针对不同风险全面分类管理的制度机制。李锋（2017）围绕中国对中东地区的直接投资，探究其影响因素，并就如何深入、优化此类投资提出了政策层面的建议。杨陶（2017）将中国企业对"一带一路"共建国家的直接投资，置于国际法的大环境下进行风险分析，并为如何攻克风险、削弱风险的不利影响提供防范方案。尹晨（2018）等研究认为，应当充分利用以上海自贸试验区为典型示范的区域环境，可以尝试在试验区中成立国家级风险管理中心，以实现对中国对外直接投资风险的宏观统筹和机动性应对。孙南申（2018）基于中国对外直接投资的风险现状与风险类型，认为可以从预防、转移与救济三个方面着手，构建全方

位的制度机制,实现对投资风险的全流程、多举措削弱。周经(2018)研究发现,经济援助可以有效降低在自然资源丰富国家的投资风险。张玲等(2021)基于"双边关系—商业模式—经贸结构"视角的分析框架,探讨了"一带一路"风险动态演进与缓释机理,提出应密切关注国际形势和不确定性风险冲击,持续加强双边关系,优化经贸布局,提高企业运作能力,注重合作关联性、整体性和协同性,更好地让国际循环和国内循环相互促进、联动发展。

2.3.2 基于微观视角风险防范的研究

从微观层面防范中国对外直接投资风险,主要是针对某一特定的风险,如政治风险、金融风险、法律风险等确定企业应对方案。陈朝晖(2014)研究发现,如果跨国企业属于生产型企业,其生产活动可能对自然环境造成污染,应当自觉培养企业社会责任感,承担起相应的社会责任,为降低投资中可能遭遇的环境风险,可以主动选择投保环境责任险。任博远(2015)研究发现,中国对外直接投资者应当承担起应承担的责任,事先预防、积极应对环境风险。孙海泳(2016)认为企业应该强化对人文和生态等因素的考量,重视与当地媒体、社会组织的沟通,保持与当地社会组织的良好关系。张锐连(2017)基于中国对外直接投资现状,探究了当下中国企业所面临的社会风险,并就如何管控此类风险做出规划。张敏(2017)研究发现,在不同的对外投资阶段,主要风险和次要风险会发生变化或转换,风险的具体情形也会有所不同,对投资风险的研究不能一概而论,并对对外直接投资每一环节企业所需要承担的法律风险做出分析并提出应对方案。李仲平(2017)着眼于中国对"一带一路"共建国家基础设施的投资,分析其过程中企业可能面对的法律风险,并就如何规避风险提出方案。丁建平(2017)通过构建空间计量模型,采用实证分析的方法对中国投资"一带一路"共建国家承担的宗教风险进行检验,最后给出了防范对策。叶尔肯吾扎提(2017)认为,在"一带一路"共建国家建设海外园区,固然有利于企业共担风险、共享成果,提升风险应对能力、扩大利润空间,但同样也不能忽视海外园区的建设问题,为此应当分类、分级加以引导。王军杰(2018)探究了中国对外直接投资面对的政治风险问题,强调对外投资的健康运行,离不开保险制度与健全的纠纷解决机制。刘洪铎(2018)等研究发现,恐怖主义对中国对外直接投资起到明显的阻碍作用,同时为防范这一风险提出了解决方案。谢勇才(2022)提出应当确立政府主导与多方参与的基本思路,采取开展社会保障国际合作、建立自愿性社会保险计划、积极参与海外劳工的全球治理以及发挥跨国企业和海外劳工的主观能动性等措施,以有效化解我国"一带一路"海外劳工面临的社会保障风险。王发龙和和春红(2022)提出中国与"一带一路"共建国家应协力增进观念认同、利益共享、战略互信,为防范化解对外投资的非传统政治风险提供坚强的政治保障和有力的战略支撑。

2.4 文献述评

通过文献梳理发现，学术界已经对东道国风险、东道国风险与对外直接投资的关系以及中国对外直接投资风险防范等问题做了大量的理论和实证研究，提出了很多具有重要价值的观点，为我们理解东道国风险与中国在"一带一路"共建国家项目投资的关系奠定了重要的理论基础，但现有研究仍然存在一些有待进一步研究和解决的问题。

第一，为有效把握"一带一路"共建国家风险，需要构建一个整合的、可以反映包含"中国因素"的东道国风险测度模型。目前关于沿线国家的风险测度模型众多，各具特色，但针对中国企业对沿线国家进行项目投资时面临的东道国风险，仍有一些问题需要进一步探讨。一是关于东道国风险的界定和分类。多数关于国家风险的理论不会将体现"中国因素"的双边关系纳入其中，但双边关系在很大程度上会影响"一带一路"项目投资的成败。近几年，很多学者已经将代表双边关系的一些代理变量纳入到国家风险因素中，但还是比较单一和碎片化。这就需要构建一个整合的、全面的可以反映"中国因素"的国家风险概念，以更加准确地刻画中国对沿线国家项目投资时的东道国风险因素。二是指标体系的选择。指标体系主要体现在全面性和针对性两方面，现有文献关于指标的选择主要参照国际几大评价机构的指标体系，不能全面覆盖中国在沿线国家所面临的东道国风险，并且有一些国家的重要数据缺失且不连续，在针对性上也不能体现"中国因素"以及"一带一路"共建国家风险的复杂性。三是指标体系的赋权。目前关于国家风险测度指标的赋权多采用简单算术平均法、序数排列法、简单加权法、主成分分析法等，这些方法确定权重过于主观，不能客观反映出各个指标对风险后果的影响程度。

第二，关于东道国风险对中国"一带一路"项目投资影响的作用机理研究。目前，大量的文献研究了东道国风险对中国对外直接投资的影响，采用的风险变量、回归模型都不尽相同，研究结论也各不相同。具体体现在：一是由于东道国风险的概念没有统一标准，因此关于东道国风险代理变量的选择就会多样，有的侧重政治风险、有的侧重主权风险、制度风险、经济风险以及金融风险等。二是鲜有文献对东道国风险影响中国"一带一路"项目投资流向和成效的内在机理进行系统的梳理和归纳，二者之间的调节机制也缺乏理论机理分析。三是回归模型多样。根据不同的理论、研究设计、数据类型和计量方法，回归模型各不相同。四是研究结论不尽相同。比如，研究政治风险对中国在"一带一路"共建国家直接投资的影响，有些结论是正相关，有些是负相关，有些是不相关。对此，我们不能简单地质疑或者否定这些结论的科学性。五是现有文献大多采用商务部公布的对外直接投资宏观数据，对"一带一路"项目投资研究的经验还比较少。因此，为了更加科学地揭示东道国风险对中国"一带一路"项目投资的影响，学术界还需创新理论与方法，这样才能更加有针对性的防范"一带一路"项目风险。

第三，关于"一带一路"项目风险防范的研究。现有的文献大多从典型案例出发，推测"一带一路"项目投资所面临的共性风险，并提出对策建议。项目风险的发生路径一般是其暴露在东道国不稳定的风险因素中，风险事件的发生最终导致风险后果。现有研究针对风险事件的梳理、预判还比较少。因此，如何应对沿线国家的新型风险是学者们目前面临的一大重点问题，学术界需要及时地做出经验总结，提出投资的优化策略。另外，国内学者在研究时可以针对诸如能源类、科技类等不同类型的企业进一步细化研究内容，更多地朝微观方面发展，为企业提供更加实际的海外项目投资理论和科学决策依据。最后，关于如何从治理东道国风险的角度构建"一带一路"项目风险防范机制也有待于进一步研究与探索。

第 3 章
理论基础与机理分析

本章旨在分析现有的对外直接投资理论，并在此基础上根据本书研究目标选择适合研究中国对"一带一路"共建国家项目投资的理论，基于这些理论，结合"一带一路"共建国家风险复杂性、多维性等特点，进一步探讨东道国风险对中国在沿线国家项目投资的影响以及作用机理。现有文献对东道国风险如何影响中国对外直接投资开展了大量富有成效的研究，但较少有文献对东道国风险影响中国在"一带一路"共建国家项目投资的内在机理进行系统梳理和归纳，二者之间的调节机制也缺乏相应的理论机理分析。因此，本章在前文文献梳理与所述理论的基础上，首先从共性层面系统分析东道国风险对中国"一带一路"项目投资不利影响和积极影响的作用机理，而后将"一带一路"倡议与双边投资协定作为调节剂纳入二者关系分析框架进行机理分析，以期为后续的实证分析奠定坚实的理论基础。

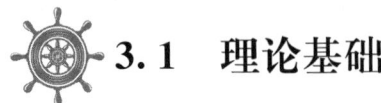 3.1　理论基础

3.1.1　对外直接投资理论

第二次世界大战结束后，随着世界经济的复苏，对外直接投资逐渐成为发达国家进行跨国投资、资本输出的主要方式，围绕发达国家之间的对外直接投资行为，产生了一系列关于发达国家对外直接投资的理论学说，主要包括"垄断优势理论""内部化理论""国际生产折衷论"等，这些经典理论也构成了国际投资理论的基本框架，其后理论的发展主要是在其基本框架上进行补充、延伸和扩展。

（1）经典对外直接投资理论。

垄断优势理论（Hymer，1960）主要阐述了大型跨国公司在对外直接投资过程中具有垄断优势，能够比同类小型企业具有更低的协调成本，在某些特定行业可以获得进入能力及领先优势，并且一国具有绝对或者相对优势的大型企业，对本国对外直接投资的规模和范围具有根本性的影响。该理论将跨国公司解释为市场不完善的产物，这些不完善现象包括规模经济、知识优势、产品多样化、融资优势等，其有助于跨国公司打造垄断优势，实现对市场的封闭和控制。该理论不仅解释了20世纪中后期美国跨国公司快速发展的原因，也对指导企业进行海外直接投资具有较强的实践意义。

内部化理论（Buckley，1976）认为市场的不完全性是客观存在的，企业对外直接投资，绝非简单的资本转移，其本质是在企业所有权覆盖范围内，实现企业管理与控制权最大范围的延展。当企业对外直接投资发展到一定程度，外部市场机制对企业产生的影响力将微乎其微，企业内部管理机制完全取代了外部市场的作用，交易成本被压缩，由此为其

跨国经营带来显而易见的内部优势。

国际生产折衷论（Dunning, 1977）将对外直接投资的三个条件概括为所有权优势、内部化优势、区位优势，形成了经典的 Ownership-Location-Internalization（OLI）范式。OLI 范式同时从国家、企业的角度探讨国际投资的决定因素，仍然属于优势运用的理论，所以也属于广义的优势理论。从根本上来说，国际生产折衷论是一种静态理论，无法对国际投资中的动态行为做出解释。

经典对外直接投资理论解释了发达国家跨国企业对外直接投资的优势来源，其一方面是企业自身优势，企业具备一定的自身优势后进行海外投资，并利用已有优势，最终实现利润最大化。另一方面是跨国企业是否到某个东道国进行投资，取决于该东道国是否具有足够的区位优势能使企业获得更高额的利润。

（2）适合中国"一带一路"项目投资的对外直接投资理论拓展。

上述经典对外直接投资理论均是以发达国家的跨国公司为研究对象，把"企业自身优势"和"东道国的区位优势"作为一国企业进行对外直接投资的优势来源。根据国际生产折衷理论，东道国的自身区位优势是吸引对外直接投资的决定性因素。但是中国企业众多，其规模、行业、主体、能力差异较大，对外直接投资的动机不一，因此完全照搬经典理论无法解释中国的对外直接投资行为。本书试图通过以下经典对外直接投资理论的拓展来探讨中国对"一带一路"共建国家的项目投资。

①国家特定优势理论。

裴长洪和郑文（2011）以对外直接投资理论为基石，提出用"国家特定优势"来解释中国的对外直接投资行为，他们认为企业对外直接投资的优势来源除了企业自身优势和东道国的区位优势，还有母国的国家特定优势。母国是一国企业对外直接投资的基石，母国的政治环境、经济基础、国民收入水平、产业发展水平等都是企业的基础性条件。

首先，母国不同的发展条件，往往造就了企业独特的自身优势。母国优势行业催生出大型企业，进而其发展成强大的跨国公司，比如中国企业在一些装备制造和电子通讯制造领域具有行业优势，就是因为发展中国家在国际市场上主要承接了国际中低端制造业的转移。国际经验表明，人均 GDP4 000 美元到 15 000 美元是资本形成的高速增长期，中国正处于这一发展阶段，由此中国工程建筑行业依托国家所处的特定发展阶段形成了行业竞争优势，并以此开展多元化投资，在国际市场上站稳脚跟。母国国家规模优势是一国企业优势的重要来源，大国经济平稳、人力资源优势、资本优势都能够为本国企业抵御较大的国际冲击。母国的区位优势也是企业自身特定优势的主要来源，经济一体化带来的区位规模效应，很容易形成产业聚集效应。中国与东盟的区域合作体现了科技一体化带来的企业科技竞争优势。

其次，与其他许多国家不同，中国政府具有很强的组织优势，比如在构建专门的对外直接投资促进体系以及对国内特定行业的组织和扶持等方面组织优势明显。"一带一路"倡议是由中国政府提出并逐步发展成引领中国企业"走出去"，发展双边、多边经贸体系，进而打造开放、包容、均衡、普惠的区域经济合作平台的国家政策方针。该倡议自提出与实施以来，中国政府多个部门采取各种措施促使企业积极参与对外直接投资，并通过签署双边、多边投资协定，建立海外投资咨询、指导、服务机构以及完善海外投资、融资、税收等相关制度，为企业"走出去"保驾护航。该倡议充分体现了中国企业在"走出去"的过程中所拥有的"国家特定优势"。中国高铁的快速发展和崛起是充分体现了在"国家特定优势"下企业迅速壮大并立足国际的典范。

最后，国家特定优势的内涵是丰富的，国家形象优势、文化优势、制度优势、国家影响力、国际地位、国际规则的掌控力等都是国家特定优势的体现，同样都能起到增进企业对外直接投资的竞争优势。

②资源基础理论。

资源基础理论是由 Penrose（1959）开创，经 Wernerfelt（1984）和 Barney（1991）加以发展的资源观。该理论的一个核心特点是重视企业的异质性资源，Barney（1991）将资源定义为企业所拥有的资产、技术、企业特质等，强调从企业的内部独特资源来寻找竞争力的差异性，该内部资源主要体现在是否被模仿、是否有价值、是否稀缺等。从演化经济学的角度来说，异质性是演化的根源，不同于发达国家的跨国公司，以中国为代表的新兴经济体对外直接投资企业由于所处的特殊环境以及自身发展所具有的阶段性特征，都导致了它们的异质性，这些异质性同样具备资源基础理论强调的不可复制、不可模仿并有价值的特征。

由于发展中国家市场机制尚未健全、企业自身对无形资产的垄断优势较为薄弱，企业需要基于自身资源并整合来自母国层面的所有权优势、形成比较所有权优势，继而克服在东道国潜在的"外来者劣势"。因此，资源基础理论近些年在战略管理领域越来越受到重视，并对探讨发展中国家对外直接投资企业的资源异质性具有很强的指导意义。中国对外直接投资企业可以从以下方面发挥"内部资源优势"来抵消东道国投资环境风险带来的负面影响。

一方面是基于自然资源的异质性。中国以及一些发展中国家自然资源丰富，全球资源分布的不均衡，使得能源行业的对外直接投资活动有了多重异质性，对资源的有效利用，催生了大批有实力的大型跨国公司，以石化行业为例，中石油、中石化、中海油对外直接投资的规模逐年稳步增长，尤其在"一带一路"共建国家占绝对主导地位。另外，中国能源行业的国有企业，大多受到政府的大力支持，并将石油、矿产等一些能源行业的对外直接投资作为国家战略的一部分，为其对外直接投资活动提供强大的金融资源支持，这些国有企业大规模的对外投资活动，又进一步强化了它们在能源行业的优势地位（Raymond Vernon，1997）。

另一方面是基于特色制度的异质性资源。特色制度不仅仅包括国家力量，还包括社会隐性规则存在的商业体制。对于发展中国家，大型国有企业的组建带有很强烈的政治干预色彩，这类企业垄断了一些原材料的供应甚至生产要素的配置。垄断性的国有企业具有两面性，一是大型国有企业对于发展中国家打造主导产业、实施国家战略的作用是不可替代的，政府给予国有企业原始资本的积累，促使其发展成为国家支柱企业，并开展大量对外直接投资活动（刘源超，2008）。相比其他国家，中国更具特殊性，由于各种历史原因，中国国有企业占经济总量的比重比较大，尤其是以能源、矿产等行业为主，这些企业也是对外直接投资的主力军,因此,中国大型国有企业的竞争力主要来自于中国特色体制下的异质性资源。二是国有企业的"制度异质性资源"又会在对外直接投资过程中成为自身的"劣势",基于对自身资源以及国家安全等因素的考虑,很多东道国会针对中国国有企业制定特殊的准入条件以及投资规则来限制其投资。

3.1.2 制度的相关理论

(1) 制度理论的主要观点。

制度最初被定义为一系列的规则、组织与规范等。Stein(1984)提出了制度变迁理论,制度变迁不是泛指制度的任何一种变化,而是特指一种效率更高的制度替代原有的制度。新制度主义理论是由美国经济史学家 North 等在 20 世纪 70 年代创立,其将制度因素引入经济史研究之中并发现制度与制度变迁在长期经济增长与停滞中所起的作用,建立了一套新制度经济学的分析框架与方法。其核心观点是,"经济人"为了避免损失对制度产生了新的需求,从而在需求中不断变迁出更适宜的制度体系。

从 2002 年"走出去"战略正式提出以来,以中国为代表的新兴国家的企业国际化发展进程不断加快、规模不断扩大,对基于 20 世纪 70 年代以发达国家跨国公司为对象所构建的以拥有战略资产为前提的垄断优势等传统理论提出了挑战。制度因素逐渐成为学者们研究新兴国家企业对外直接投资时尤其重视的因素,其主要关注国家、政府、社会文化等制度因素对企业战略行为的影响(Peng,2002)。Meyer 和 Peng(2005)在研究中欧企业对外直接投资时强调了制度环境在新兴经济体中的重要性。Zeng 和 Bathelt(2011)研究发现中国政府会通过国有企业或者颁布相关政策来积极参与对外直接投资。中国企业如若想要在国际市场上获得竞争力,政府和社会的支持尤为重要。

一般来说,跨国企业进行海外投资所面临的环境更为复杂,东道国的制度环境已经成为投资区位研究的重要指标。东道国的制度质量也会影响跨国企业的交易成本以及治理结构,在海外投资问题中,制度不仅是国家层面的背景因素,也是决定各国企业进行海外投资选择以及投资成败的因素。另外,对于海外投资项目而言,项目所处的制度环境与国内往往存在较大差异,同时,项目投资主体以及利益相关者众多,彼此之间悬殊的制度背景也会给项目实施带来困难,一些学者开始尝试借鉴制度理论的分析角度来研究海外项目投资。因此,将新制度主义理论引入海外项目投资研究对深层次探讨海外投资项目风险提供了一个很有价值的视角。

(2) 交易成本理论。

交易成本理论是新制度经济学理论的基础。自 20 世纪 30 年代 Coase 在《企业的性质》一文中提出交易成本概念以来,交易成本就作为企业生产经营活动的重要部分而备受国内外学者的关注。早期关于交易成本的研究主要是探讨交易成本的前因、作用、测量方式、竞争性缔约、联盟等。直到 Williamson(1996)在前人研究的基础上,系统地阐述了交易成本理论。Williamson 指出,交易成本不仅包括古典经济学认为的交易过程中发现交易对象、询价、签约、修订契约、履约和执行契约的费用，还包括运用经济制度中由于制度摩擦所导致的成本，特别是由于产权不清、机会主义因素所导致的摩擦成本。他进一步将交易成本分为事前交易成本和事后交易成本，事前交易成本是指协议的起草、谈判与维护而发生的费用；事后交易成本是指偏离了所要求的合约准则导致的不适应成本。交易成本理论经过 Williamson（1979）的发展延伸推广到现代组织理论之中。Bertrand 等（2007）认为交易成本作为制度经济学的核心范畴，不仅存在于经济活动中的具体契约，还存在于整个经济运行体制中，是一种经济制度费用。跨国企业的对外直接投资活动是在东道国的政治、经济、社会和司法等制度背景下进行的，新制度经济学理论发现较差的公共制度环境会使组织产生交易成本，因此东道国风险会为企业进行海外投资活动带来交易成本，交易成本的增加会影响投资主体的投资意愿、投资决策和投资成败。

3.1.3　外来者劣势理论

外来者劣势被认为是指跨国企业在进行对外直接投资时，需要承担更多额外的外部成本（Zaheer，1995）。Hymer（1976）首次提出"异国经营成本"的概念，认为不熟悉、歧视和关系风险是外部性的三个维度。Zaheer（1995）将外来者劣势概括为四种类型的成本：远距离成本、不熟悉成本、东道国环境成本和母国环境成本。Eden 和 Miller（2004）进一步将外来者劣势总结为歧视、信息和关系的劣势表现。总之，外来者劣势的核心观点是跨国经营企业面临严重劣势。

由于外来者劣势的普遍性与易观察性，国内外学者主要对其内涵、来源以及克服机制进行研究。企业对外直接投资必然面临外来者劣势，合理的战略能够帮助企业克服劣势，从而减少对外直接投资受阻、夭折。尤其是对于发展中国家的企业，在对外直接投资时应注意利用自身优势和政策优势，最大程度地降低风险以减少海外直接投资的阻碍。

传统理论认为，新兴市场进入国际市场前，与本国市场中的外国跨国公司进行合作有利于企业的跨国经营。但是随着在与跨国公司合作过程中，企业依旧会感受到外来者劣势，并因此影响国际化进程。吴冰、阎海峰和杜子琳（2018）通过对外来者劣势的理论扩展与实证分析认为，外来者劣势并非仅在外向国家化过程中出现，随着全球化的发展，企业在与跨国公司的合作过程中因自身存在的固有劣势，与跨国公司的合作缺少讨价还价的能力，依旧会感知更多的劣势，因此提出了前发外来者劣势概念。前发外来者劣势是外来劣势的理论拓展，中国企业可以借助于该研究更好的认识前发外来者劣势及其发生机制，尽早应对劣势，降低不必要的劣势感知，提高国际化管理水平。

随着外来者劣势来源的逐步多样化，外来者劣势与优势结合以及与其他理论的结合也逐渐成为研究的热点和分析框架，中国对外直接投资理论的研究也将得到进一步拓展。本书也将通过外来者劣势理论与上述对外直接投资理论的结合来研究中国对"一带一路"共建国家的项目投资。

3.2 机理分析

3.2.1 东道国风险影响中国"一带一路"项目投资的作用机理

国际生产折衷论认为,企业进行对外直接投资的优势来源一方面是企业自身优势,另一方面是东道国的区位优势,影响东道国区位优势的主要因素则包括东道国的投入要素分布、政府干预、经济设施条件、社会文化因素等(Dunning,1977)。区位优势解释了企业进行对外直接投资主要会从东道国的政治、经济、社会等投资环境分析其投资行为的有利因素。因此,稳定良好的东道国政治、经济、社会等投资环境是中国对"一带一路"共建国家进行项目投资并顺利实施的必要条件和有利条件,反之,东道国政治、经济、社会等投资环境的不利变化都会对"一带一路"项目投资产生负面影响,成为项目投资的潜在风险,继而导致项目投资失败(方慧和宋玉洁,2019)。本书将东道国风险界定为中国企业进行"一带一路"项目投资过程中在共建国家所面临的可能导致项目受损的危险程度。由此,东道国风险可谓是影响中国对"一带一路"共建国家项目投资的重要因素。一方面东道国风险会通过成本约束、降低项目投资收益率以及增加项目潜在风险等路径给项目投资带来不利影响,成为"一带一路"项目投资的阻力,继而引致项目投资失败。另一方面,东道国风险也会给项目投资带来积极影响,这些积极影响主要来源于东道国的"特殊区位优势"、投资主体的"自身独特优势"以及母国的"国家特定优势"等方面。

因此,本章将从共性层面系统分析东道国各维度风险对中国"一带一路"项目投资不利影响和积极影响的作用机理。作用机理框架如图3-1所示。

(1)东道国风险对中国"一带一路"项目投资产生不利影响的作用机理。

东道国风险对中国"一带一路"项目投资的不利影响主要体现在两方面:一方面是阻碍中国对共建国家进行项目投资;另一方面是引致"一带一路"项目投资失败。具体来说,东道国风险主要通过以下路径对"一带一路"项目投资产生不利影响。

第一,新制度经济学理论认为,较差的制度环境会使组织产生交易成本(Bertrand等,2007)。企业进行海外投资交易涉及的市场交易成本主要包括前期信息搜集成本、获取合同成本以及合同履约成本。基于交易成本理论的核心思想,东道国风险会通过影响准确获取市场信息、谈判和维持经常性契约所需要的各种费用来影响市场交易成本,从而直接影响投资主体的投资意愿、投资决策以及投资成效(胡兵和李柯,2012)。对东道国市场信息的有效搜集,可以帮助投资主体认识当地投资环境,避免由于信息不对称导致的项目投资决策失误。高风险的"一带一路"共建国家市场信息更加多变和复杂,信息不对称

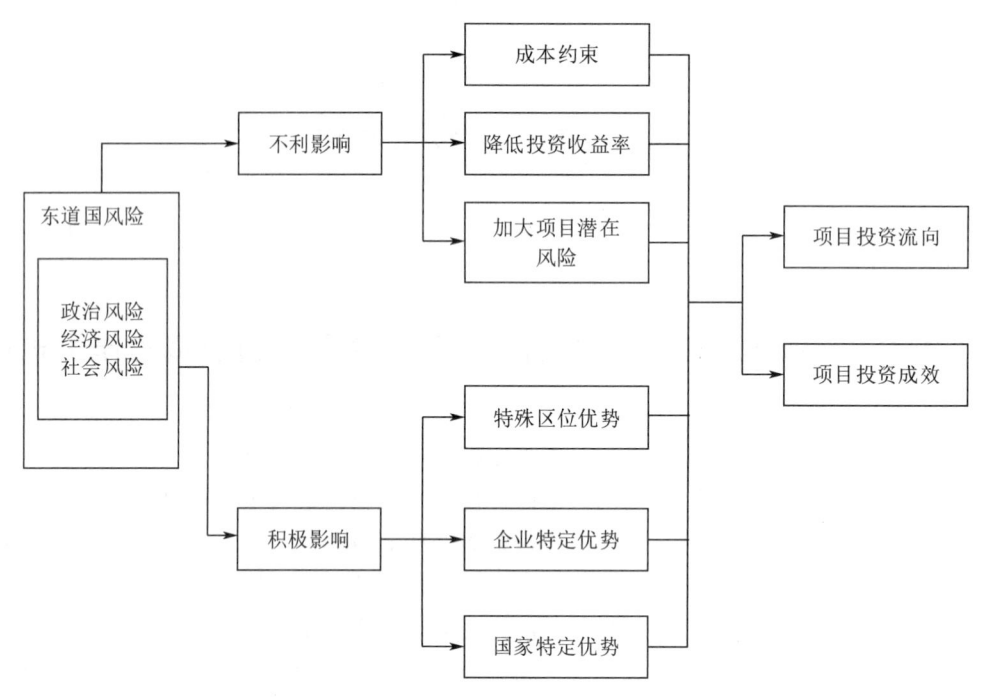

图 3-1 东道国风险影响中国"一带一路"项目投资的作用机理框架

程度较高，投资主体对东道国信息的搜集、识别以及风险评估都需要更多的时间和金钱，从而增加了信息搜集成本（Thomas 和 Carolin，2004）。在获取合同阶段，高风险的共建国家法律制度不完善、政府有效性低、文化差异大、交易规则不明晰，投资主体往往需要付出更多的谈判和协商成本用来明晰双方的权利和义务（Witt 和 Lewin，2007）。如果双边关系不够良好，也会进一步加大获取合约的成本。合同履约阶段，在风险程度较高的"一带一路"共建国家，项目落地实施的难度就会变大，面对不稳定的投资环境，履约过程中难免发生冲突甚至单方面违约的情况，投资主体需要花费更多的合同履约成本去进行协商和解决。再者，"一带一路"项目投资往往具有投资周期长、沉没成本高、交易不确定等特点，高风险的沿线国家更容易造成企业在该国的项目投资沉没成本、运营成本偏高，还会形成额外的隐性税收负担（Daude 和 Stein，2008），这样在该国进行项目投资的阻力就会更大。此外，根据外来者劣势理论，中国对"一带一路"共建国家的项目投资由于对当地经营环境的不熟悉，往往需要承担更多的"外来者劣势"，适应不同的投资规则、法律以及文化等都会进一步加大经营成本。综上，东道国风险会通过增加市场交易成本、经营成本等成本约束的路径来阻碍中国对"一带一路"共建国家的项目投资，也会进一步引致项目投资失败。

第二，基于制度理论，完善的东道国制度环境可以通过减少社会不公、提高企业生产效率、保护企业产权等方式来保障海外投资者的收益（Blonigen，2005；周伟等，2020）。反之，如果东道国的投资环境不稳定、制度质量较差、国家风险程度高，那么企业经营环境就会比较恶劣，企业产权得不到有效保护，项目违约概率大，"一带一路"项目投资的预期收益将很难保障，项目风险也会随之加大。另外，在制度环境不健全的共建国家，一旦项目投资收益受到损害，企业将很难依靠当地的制度获得救济途径，项目投资收益难以保障。因此，东道国风险会通过降低项目投资收益率的路径来阻碍中国对"一带一路"共建国家的项目投资，也会进一步引致项目投资失败。

第三，在经济学领域，国家互信能够为企业家提供稳定的心理预期，当不确定情形出现时，较高的政治互信能够促使项目合作方快速达成共识，从而减少项目潜在风险的发生（张维迎，2002；马得勇，2007）。在投资环境不稳定的"一带一路"共建国家，项目投资将面临更多的不确定性，由于东道国风险产生的信任缺失将进一步加大项目潜在风险，这在很大程度上会阻碍中国对沿线国家项目投资的热情，项目投资也更容易受阻或失败（任兵和郑莹，2012）。根据风险传导理论，如果"一带一路"项目所处的投资环境不稳定，那么项目在实施过程中，由于受到超出投资主体可控的政治、经济、社会环境突变引起项目损失暴露，项目没有足够的抗风险及风险应对能力，都会造成项目受阻、夭折、损失或者失败（贾若愚，2016）。因此，东道国风险会通过增加项目潜在风险的路径来阻碍中国对沿线国家的项目投资，引致项目风险后果暴露，加大项目投资失败率。

综上所述，东道国风险会通过成本约束，减少投资收益率和加大项目潜在风险的路径来阻碍中国对"一带一路"共建国家的项目投资乃至使得项目投资失败。东道国政治、经济、社会各维度风险对中国"一带一路"项目投资产生不利影响的作用机理各不相同。

①东道国政治风险维度。

东道国政治风险可能会通过以下路径对"一带一路"项目投资产生不利影响：第一，在项目初步可行性研究阶段，投资主体需要对东道国政治、经济、社会环境以及市场、行业、项目优劣势等多方面进行深入调研和评估，在确定项目投资目标后进行海外并购或绿地投资等流程，这些投入在项目未落实之前都属于沉没成本，对于沉没成本高的投资主体来说，项目受阻或失败的概率很大。第二，政治风险高的国家大多法制不完善，政府有效性低，因此东道国政治风险可能会给投资主体带来更大市场交易成本，如果出现交易成本过大就很容易造成项目夭折，还有可能给投资主体带来巨额罚款。第三，东道国政治不稳定、政局动荡、内乱、恐怖主义等因素都会直接增加项目的经营成本和难度，最终导致项目无法继续运营。第四，在海外交易过程中，当东道国的制度体系不足以对国家权力具有强大约束力，或者制度不透明、不健全，存在很大的不确定性时，其容易导致投资主体无法通过合法的渠道保护投资收益，进而影响中国企业对东道国的制度信任，从而影响"一带一路"项目投资的流向和成效。

②东道国经济风险维度。

中国企业在经济风险高的"一带一路"共建国家进行项目投资时，可能会经由以下路径受阻或失败：第一，如果东道国的经济发展速度缓慢，市场规模必定会收缩，企业的海外投资收益达不到预期。沉没成本高的项目，如果长期投资收益得不到保障，势必会导致项目无法继续。第二，共建一些国家经济增长不平衡、不确定性特征明显，加之在全球贸易受公共债务以及贸易赤字的影响下，投资萎缩，贸易经济增长下行，这些都会加大东道国的经济风险，一旦经济风险严重，项目违约风险将会集中爆发，一些"一带一路"项目将会被迫中止。第三，经济波动性大的国家，如果发生严重的通货膨胀，"一带一路"项目投资亏损的概率将会很大。

另外还有一种特殊情况，较低的东道国经济风险反而会带给"一带一路"项目投资不利影响，这可能是因为在经济发展水平高，经济风险较低的沿线国家，可能会出于国家安全、资源主义、保护国内企业等考虑限制外资的流入，这种国际投资保护主义势必给中国企业带来更多的不确定性，对投资成效产生负面影响（余官胜等，2020）。

③东道国社会风险维度。

中国企业在社会风险高的"一带一路"共建国家进行项目投资时，可能会有以下路径受阻或失败：第一，由于信息不对称，企业进行海外项目投资时，往往处于劣势地位，评估东道国以及合作企业需要消耗大量的时间以及资金成本，而东道国社会风险的信息往往难以获取，很多企业在进行"一带一路"项目投资时，往往是在项目实施过程中才意识到类似于文化差异、语言不同、宗教矛盾、环保问题等社会风险，因此由信息不对称带来的成本增加将直接或间接阻碍中国对沿线国家的项目投资，也会进一步引致项目投资失败。第二，环境风险、宗教风险、文化差异风险等这些嵌入在社会结构中的社会风险影响着东道国民众对中国企业的社会信任（张敦力和李四海，2012）。社会信任一旦缺失，社会风险往往会借助"民意"这根导火索引发民众抗议等风险事件，风险事件的爆发将会引发项目风险，从而影响项目投资成败。第三，文化差异、宗教矛盾往往引发文化冲突，文化冲突对"一带一路"项目投资的影响从项目选址、项目实施到后期运营等无处不在，一旦出现不可协调的冲突，将直接导致项目投资失败，缺乏社会信任的民众基础也会给"一带一路"项目投资带来很大负面影响。

(2) 东道国风险对中国"一带一路"项目投资产生积极影响的作用机理。

现有很多研究表明中国在"一带一路"共建国家的项目投资呈现"风险偏好"的特征。一些学者通过实证研究得出中国在"一带一路"共建国家投资时具有"政治风险偏好""制度风险偏好""经济风险偏好""社会风险偏好"等结论（Buckley和Liu，2007；Morck等，2008；将冠宏和蒋殿春，2012；Hajzler，2014），这也就意味着东道国风险并未阻碍中国对沿线国家进行项目投资的热情。另外，一些学者通过研究发现东道国风险也不一定会引致项目投资失败（陈岩和郭文博，2018；金刚和沈坤荣，2019）。关于东道国风险促进和保护中国"一带一路"项目投资的作用机理，本书试图从以下几方面进行解释。

第一，东道国特殊的区位优势。中国企业对"一带一路"共建国家的项目投资动机不一，一部分以获取自然资源为目的进行项目投资，一部分以寻求海外市场或劳动力为目的进行项目投资。因此，中国企业对共建国家进行项目投资时可能会关注东道国的市场规模、资源水平、技术水平以及双边关系等一些因素。"一带一路"共建大部分为发展中国家，经济发展水平普遍偏低、基础设施不完备、政治环境复杂，但是自然资源丰富、地理距离较近、市场规模大，大部分共建国家对"一带一路"建设充满热情。因此，对于中国企业来说，"一带一路"共建国家具有良好的"特殊区位优势"。另外，能源行业作为"一带一路"项目投资的绝对主力，中国企业为了获取自然资源也可能会更加包容东道国的高风险。因此，共建国家的"特殊区位优势"能够弱化东道国风险给"一带一路"项目投资带来的不利影响。

第二,"企业特定优势"是传统对外直接投资理论的核心观点,企业对外直接投资的前提是企业依靠自身特定优势获得垄断优势,良好的东道国投资环境可以提供给具有自身特定优势的企业以海外生产经营活动所需的正常市场技能。与发达国家企业不同,中国企业进行海外项目投资时不一定具备企业特定自身优势,在制度完善的东道国,中国企业没有明显的"比较优势"。根据资源基础理论,在东道国制度不完善,甚至风险较高的投资环境中,中国企业可以通过适合自己的方式提高非市场技能获取的能力,利用非市场资源在竞争中获得"比较优势"。另外,中国的制度也尚未完善,根据制度接近理论,对"制度距离"相近的国家进行项目投资,企业更容易发挥特定的"比较优势"(Kolstad 和 Wiig,2009)。

资源基础理论认为企业异质性也是"企业特定优势"的体现。国有企业在中国特色社会主义市场经济中往往被赋予一定的特权,对国有企业的绩效考评中,除了经济效益,是否实现了国家和人民利益的特殊要求也是重要的考量因素。中国政府不断强调国有企业在"一带一路"建设中的社会责任,让大量的国有企业"走出去",使之成为市场竞争的主体,在复杂多变的国际市场中,如果企业承担了过多的社会责任和目标,很难可持续发展,因此政府会通过各种补贴、融资优惠、技术保护、信息支持等措施使其获得"垄断性优势"。因此,以政府意愿为核心的国有企业在对"一带一路"共建国家进行项目投资时可能会为获取必要的资源而放弃一些经济效益,因此更加包容东道国的高风险(金中坤,2017),政治经济学的观点有助于理解国有企业的一些"非市场理性"行为。

第三,中国对外直接投资的行为可以用"国家特定优势"来解释(裴长洪和樊瑛,2010)。中国政府借助自身制度优势全面提升国家治理效能,另外作为国家政策的制定者以及社会公共产品的提供者,中国也形成了自身的"国家特定优势"。"一带一路"倡议作为中国最重要的海外投资政策,中国政府致力将"一带一路"倡议打造成平等合作、共同发展、互利共赢的区域经济合作平台。"一带一路"倡议为中国企业"走出去"提供了指导思想、政策支持、金融保障、税收优惠、咨询服务、帮扶机构等全方位推动举措,一方面加强了中国对外投资企业的竞争优势,另一方面弥补了东道国制度不完善的劣势,使中国企业在风险较高的东道国投资具有"国家特定优势"。因此,"国家特定优势"可以缓释东道国风险对中国"一带一路"项目投资的负面影响。

综上,东道国的"特殊区位优势"、中国企业的"自身独特优势"以及母国的"国家特定优势"在很大程度上缓解了东道国风险对"一带一路"项目投资的不利影响,起到了促进和保护中国在沿线国家项目投资的作用。东道国各维度风险促进和保护中国"一带一路"项目投资的作用机理各有不同。

①东道国政治风险维度。

"一带一路"共建国家以发展中国家为主,其政治风险普遍偏高,但是与我国地理位置较近,很大程度上节约了运输成本,其自然资源储备也比较丰富,尤其是与我国毗邻的俄罗斯、巴基斯坦、印度等国,对于中国企业来说具有合适的"区位优势",因此东道国政治风险不一定会阻碍中国企业对其进行项目投资的热情。另外,在政治风险高的共建国家，中国企业凭借"自身特定优势"，比如，企业所有制优势、国家政策支持优势、资金优势、大国外交优势、物美价廉等"比较优势"，更容易获得东道国的青睐，东道国为了获得中国的项目资源，会提供给中国企业更多的税收、劳动力、政策等方面的优惠，中国企业可以通过降低投资成本来提高项目投资成功率。最后，"一带一路"倡议作为母国"国家特定优势"的体现，会弥补东道国政治风险带来的劣势，为中国企业提供制度保障。

②东道国经济风险维度。

一方面，"一带一路"共建国家的经济风险致使一些国家经济增长动力不足，亟需技术、资金改变落后的产能，提升经济发展水平，这些都为中国企业的"一带一路"项目投资带来了潜力和发展空间。一些沿线国家由于经济失衡性风险，具有强烈的多元化发展诉求，这也使中国的"一带一路"项目投资从层次和空间上得到不断提升和拓展。另一方面，经济发展水平低，经济风险偏高的国家，由于经济体制不健全，发达国家的跨国企业进入市场的时间不长，中国企业可以通过自身特定优势扩大规模，进而获得规模优势，从而提高项目投资成功率。最后，"一带一路"倡议强调地缘经济互利共赢，也为经济发展水平不高的沿线国家与中国合作提供了新的增长动力。

③东道国社会风险维度。

首先，"一带一路"共建一些亚洲国家与中国拥有相似的发展经历，彼此之间的文化距离也会比较近，中国企业在进入这些国家进行项目运营时，可能会因为文化传统与生活习俗的相似而减少由东道国社会风险引起的不利影响。其次，从优势探索和融合的角度出发，文化差异同样对企业在海外投资过程中获取、融合东道国优势提供了更大的可能性（殷华方和鲁明泓，2011），也为海外投资企业提供了学习效应（林季红和刘莹，2020）。中国企业可以学习当地优秀企业不同于本国企业的独特优势，继续增强企业自身优势，企业员工也可以通过多元文化的融合进行投资创新，最后形成新的竞争优势，从而提高项目投资成功率。最后，"一带一路"倡议通过民心相通来增强各国民众的信任与认可，促进和保护"一带一路"项目投资。

综上所述，"一带一路"共建国家的高风险可能并不会减少中国企业对其进行项目投资的热情，中国对沿线国家的项目投资可能表现出"风险偏好"的特征，但这种"风险偏好"并不是单纯的"风险追逐"，有可能是投资主体在对项目成本、收益和风险进行全面考量之后，依托于共建国家的"特殊区位优势"、企业自身的"比较优势"以及母国的"国家特定优势"等在一定程度上克服"外来者劣势"，因此，中国企业在沿线国家进行项目投资时能够包容较高的东道国风险，表现出较强的"风险偏好"，但不同维度的东道国风险对项目投资流向影响的作用机理不同。另外，东道国风险给"一带一路"项目投资带来的不利影响可能会增加项目投资失败的概率，不同维度的东道国风险对项目投资成效影响的作用机理不同。因此，东道国各维度风险如何系统作用于中国"一带一路"项目投资的流向和成效，仍有待进一步的实证检验。

3.2.2 "一带一路"倡议的调节效应

现有研究发现,"一带一路"倡议促进了中国项目投资流入支持该倡议的发展中国家,且这对于政治、经济、社会环境不甚有吸引力的发展中国家尤为重要。Shao(2020)研究表明"一带一路"倡议主要通过缓解东道国风险负面影响的机制刺激中国对外直接投资。结合上文分析,本书认为,"一带一路"倡议可能对促进中国企业到风险较高的国家进行项目投资提供了一种制度性保护,而该倡议带来的这种制度性保护在东道国不同维度的风险调节中效果不同。

现有研究对于"一带一路"倡议的调节机制并没有全面而明确的回答。本书根据经济逻辑以及现有文献,结合"一带一路"倡议提出的"政策沟通、设施联通、贸易畅通、资金融通、民心相通"的合作模式,做如下机理分析。

一是政策沟通。政策沟通是促进中国对"一带一路"共建国家进行项目投资的重要保障,共建国家大多处于东西方文明的交汇处,民族矛盾、宗教冲突时有发生,政治风险相对较高,自然资源丰富但经济发展水平相对较低,加上一些国家社会制度以及法律制度的不健全,国家风险都比较高。政策沟通可以在国家层面上加强中国与沿线国家的政治互信、人民互信,从上层建设为"一带一路"项目投资提供便利与保障,从制度层面上削弱东道国风险对中国在共建国家项目投资的负面影响,尤其表现在政治风险较高的东道国。

二是设施联通。基础设施互联互通是共建"一带一路"的优先内容,中国对"一带一路"共建国家的基础设施项目投资更是重中之重,东道国高风险的负面影响在基础设施项目投资方面可能得到弱化。再者,帮助共建国家进行基础设施建设可以改善东道国的投资经营环境,这也在很大程度上降低了中国对沿线国家项目投资的经济风险。

三是贸易畅通。将投资与贸易结合起来,以投资带动贸易发展是"一带一路"的合作重点,国际贸易政策与海外投资政策往往相互影响,现有研究表明,积极的贸易因素有助于促进海外项目投资(张先锋等,2016)。贸易畅通意味着通过减少海外项目投资过程中的准入壁垒、技术障碍、交易成本等方式来提高企业在东道国的投资便利性。因此,贸易畅通可以削弱由于东道国经济风险对"一带一路"项目投资的负面影响。

四是资金融通。资金融通是企业进行海外项目投资的重要支撑,资金融通可以通过加强"一带一路"相关国家多边金融合作,拓宽融资渠道,完善金融体系,实现金融互联互通。这些举措可以减少由于东道国经济风险对"一带一路"项目投资的负向影响。

五是民心相通。民心相通是"一带一路"建设的社会根基,各国间的文化距离是产生外来者劣势的重要根源,民心相通可以通过加强中国与共建国家的文化、习俗、人文、历史等一些联系,进而增强各国民众的信任与认可,从而减少外来者劣势,使得海外投资企业能从中获益。因此,民心相通可以减少由于东道国社会风险给"一带一路"项目投资带来的不利影响。

综上,"一带一路"倡议会通过"五通"的合作模式促进和保护中国"一带一路"项目投资，并且还会弱化东道国风险对中国"一带一路"项目投资产生的负面影响。

3.2.3 双边投资协定的调节效应

根据制度理论，制度的核心功能是为"经济人"提供更好的激励与约束，制度性安排就是一系列被制定出来的约束社会、政治以及经济行为的规则，制度安排可以减少交易成本，降低海外投资风险，为国际合作创造条件，并抑制机会主义，进而激励或约束市场主体。双边投资协定（Bilateral Investment Treaties，简称BITs）是协调两个经济体之间国际投资关系的重要制度安排，具备制度约束的功能。因此，本书将BITs作为一种调节剂纳入东道国风险影响中国"一带一路"项目投资的分析框架。

（1）双边投资协定的功能分析。

BITs是资本输出国和资本输入国之间签订的旨在相互保护和鼓励双方投资活动的书面协定（杨丽艳，2017）。BITs的签订为中国在"一带一路"共建国家的项目投资提供了保护，为受到侵害的投资主体提供了救济途径，并且能增加中国企业的投资信心。具体体现在：首先，BITs明确了外商直接投资的定义和范围，通过最惠国待遇和国民待遇降低国际直接投资转入条件，提高经营的便利化水平，避免政府征收、战争损害等政治风险，保障收益顺利汇回和再投资，当投资者与东道国发生投资争端，可通过多种途径解决，促进和保护中国"一带一路"项目投资。其次，BITs赋予海外投资保险公司代位求偿权，投资者可申请办理境外投资保险业务，包括政府征收、货币兑换限制、战争暴乱破坏及政府违约等损失赔偿，增强企业投资信心，进一步保护"一带一路"项目投资。再次，现实主义信号理论认为BITs的"信号效应"能够改善东道国与投资者之间的信息不对称（Spence M，1973）。BITs的签订不仅释放出母国会为本国跨国企业提供良好投资环境的积极信号，也表明东道国鼓励和保护外商直接投资，跨国企业可获得丰富的东道国信息，从而有助于投资主体做出正确评估，避免盲目进入"一带一路"共建国家而导致项目投资失败。最后，制度主义的"承诺效应"理论认为BITs可以通过法律形式的约束来限制国家行为（Simmons B，2000），由于违反条约会引发外交纠纷，导致东道国声誉受损，在权衡利弊后，缔约国往往选择遵守投资规则，这就在一定程度上降低了东道国风险，有利于促进和保护中国"一带一路"项目投资。

（2）双边投资协定与东道国风险的交互效应。

BITs的签订一方面有助于改善东道国的法律制度环境，弱化东道国政治风险带来的负面影响，有利于增强政治风险的正向积极作用，增强投资主体的投资信心，提升项目投资成功率；另一方面东道国政府用国家信用做担保，使企业在海外投资收益遭受损失时，能够进行申辩和上诉，如果东道国政府违反BITs投资规则将会面临国际仲裁，除了需要承担巨额的仲裁、诉讼成本，还可能面临政府声誉受损的风险，因此BITs为东道国的政府信用提供了保障，从而可能缓解由于东道国政治风险给中国"一带一路"项目带来的不利影响。

如果在经济风险高的"一带一路"共建国家进行项目投资，东道国为了维持国内经济环境稳定，避免国际资本的冲击，往往采用行政手段管控金融市场，提高外资进入门槛，增加海外项目投资成本。BITs 的签订有利于提高资金、人员等要素的自由流动，可以在一定程度上保障项目投资收益，降低由东道国经济风险带来的损失。

BITs 的签订能够在一定程度上帮助企业减少由于信息不对称带来的东道国社会环境信息缺失，避免由于社会风险导致的项目失败。BIT 的"承诺效应"也可以在一定程度上缓解由于民众对中国企业信任缺失引致的项目投资失败。

综上，与"一带一路"共建国家签署 BITs 不仅有助于促进和保护"一带一路"项目投资，还能够通过弱化一部分东道国风险来缓解由东道国风险给中国"一带一路"项目投资带来的不利影响，但对不同维度风险的缓释程度具有不确定性。

3.3 本章小结

（1）本章首先介绍了经典对外直接投资理论，又进一步全面阐述了这些经典理论的拓展——国家特定优势理论、资源基础理论，最后对制度相关理论和外来者劣势理论进行了阐述，对以上理论的结合应用是本书的理论基础。

（2）本章分析了东道国风险对中国"一带一路"项目投资影响的内在机理。东道国风险一方面通过成本约束、降低投资收益率、增加项目潜在风险对"一带一路"项目投资产生负面影响，另一方面又通过东道国"特殊区位优势"、企业"自身特定优势"以及"国家特定优势"促进和保护"一带一路"项目投资。因此，东道国各维度风险如何系统作用于中国在沿线国家的项目投资，仍有待进一步的实证检验。

（3）本章将"一带一路"倡议和双边投资协定作为调节剂纳入东道国风险对中国"一带一路"项目投资影响的分析框架。"一带一路"倡议会通过"五通"的合作模式促进和保护"一带一路"项目投资，并且还会弱化由于东道国风险对项目投资产生的负面影响。双边投资协定会通过"承诺效应"和"信号效应"等促进和保护"一带一路"项目投资，并且还会弱化一部分由于东道国风险给项目投资带来的不利影响。"一带一路"倡议和双边投资协定与东道国各维度风险的交互效应仍有待进一步的实证检验。

第 4 章

东道国风险测度与评价

"一带一路"横跨亚欧大陆，共建各国的政治、经济、社会、文化、地理位置等各不相同，东道国风险因素更是复杂多样。为避免由于东道国风险测度不全而引起的后续研究偏差，全面、精准识别与测度"一带一路"共建国家的风险是十分必要的。本章将以文本挖掘为依据，选用案例分析和文献研究相结合的方法，基于中国对"一带一路"共建国家项目投资的典型案例以及文献研究的风险因素识别结果，借鉴国际知名风险评级机构的风险因素组合，依据数据的可获性及指标对沿线国家的普适性，在遵循风险指标构建原则的基础上，从政治、经济、社会三个维度出发，构建符合"中国国情"的"一带一路"项目投资风险指标体系，而后通过熵值法测度共建样本国家的政治、经济、社会及综合风险值并对其进行评价，以期反映中国在沿线各国进行项目投资时的国别风险特征，并以此作为后续研究的基础与依据。

4.1 东道国风险识别

4.1.1 风险识别策略

构建科学评价指标体系的前提是尽量全面、精准地识别风险因素，风险识别是遵循一定的科学方法对任何可能对项目目标值产生影响的不确定因素进行整合，有效的风险识别可以帮助项目决策者理解可能存在的风险以及风险演变机理。中国对"一带一路"共建国家的项目投资是一个复杂的系统工程，有效识别能够对项目预期目标值产生影响的东道国风险因素更为广泛复杂，因此更需要遵循系统的科学识别策略，做到对风险要素的精准识别与合理归类。

以往风险管理的相关研究发现，风险识别按照信息源的不同可以分为主观分析法与客观分析法，主观分析法以德尔菲法、案例分析法等为代表；客观分析法有文献研究法、决策树法、核对表法等。李宇等（2016）通过德尔菲法构建了"一带一路"共建国家投资环境评价体系，并对其进行综合评估。南开辉等（2019）运用案例分析和专家访谈法识别出电力企业海外投资项目的11个影响因素，并将这些因素细化分解为43个可测指标。汤晓玲等（2021）利用文献分析法初步识别"一带一路"共建重大工程风险。胡忆楠、丁一兵、王铁山（2019）通过分析"一带一路"沿线国家基础设施PPP项目案例，采用风险核对表法识别出PPP项目主要风险。邹汶君等（2021）以"一带一路"共建国家涉华舆情相关案例为研究依据，对舆情风险因素进行更全面的分析，识别出与"一带一路"共建国家涉华舆情有关的风险因素。

德尔菲法不易避免专家对个别国家或地区国情不熟悉的情形，决策树法更多应用于风险来源明确的安全性问题研究，核对表法很大程度上取决于调查表设计的合理度，案例分析法在保证案例典型性的前提下能够较为精准的提取具体风险因素，文献研究法基于现有研究成果能够快速、准确地定位与东道国环境相关联的抽象风险因素，文本挖掘（Text Mining）作为数据挖掘的运用与扩展，越来越多的研究表明文本挖掘可以通过处理大量文本信息，并从中挖掘有用信息，来发现和归纳潜在的规律，已经成为分析和处理文本数据的重要手段（何超，2021）。

因此，在现有研究的基础上，本章以文本挖掘为依据，选用案例分析和文献研究相结合的方法对"一带一路"共建国家进行风险因素识别。

首先，从已发生在"一带一路"共建国家具有代表性的典型风险案例出发，从风险分解结构的视角识别出主要的东道国风险呈现形式。本章以 2005~2019 年"中国全球投资追踪"数据库所记录的中国企业在共建 31 个国家的 80 项失败项目为线索，以中国期刊全文数据库、中国重要报纸全文数据库以及国际专业权威网站资讯为文本资料来源，以 Web Scraper 作为网络爬虫的工具进行数据爬取，初步提取出与失败项目产生原因相关的文本资料约 8 万字，相关新闻报道 209 篇，涉及 39 家中国企业，如果所有媒体对某一项目出现投资终止或者停工的原因报道一致，就将该信息视为此项目遭受风险的真实原因。在对网页中的文本内容进行数据爬虫工作后，将数据导出到 Execl 文档中，导出的数据包括项目名称、新闻来源、具体风险案例报告等内容，这些内容将作为数据挖掘和分析的基础。接着通过文本处理，剔除与主要关注本书信息不相关的文字、字符和标点等，从中提炼出中国企业在共建国家的失败项目风险特征，例如，项目 A，战争暴乱。最后通过自定义词表构建，采用"词表法"对东道国风险因素的表现形式进行梳理和归类。

其次，选定中文文献检索使用的数据库 CSSCI 以及英文文献数据库 Web of science，限定检索条件，按照"东道国风险""国家风险""风险评估""一带一路风险""对外投资风险""host risk""country risk"等关键词进行检索，确保搜集到与主题相关的文献，再按照文献的相关度、影响因子进行排序，选取质量较高的 136 篇文献进一步研读，之后根据本书的研究目标、研究方法、研究对象对其进行归纳整理，最后选取出 64 篇具有代表性的文献，通过文献研究法识别出学者们进行"一带一路"共建国家风险研究时强调的重要东道国风险因素。

最后，对案例分析整理出东道国风险表现形式以及文献研究识别出的东道国风险重要因素进行系统梳理和归纳。

4.1.2 风险识别结果

对案例分析与文献研究识别出的东道国风险因素进行梳理后，共归纳出 17 类对"一带一路"项目投资存在潜在影响的重要东道国风险因素，其能基本涵盖已发生在共建国家失败项目的东道国风险因素。参照已有关于东道国风险分类与构成维度的研究（Simon，

1982；王海军等，2014），在对重要文本信息和参考文献进行词频统计后，根据相关词语出现的频率，本章将按照政治、经济、社会三个维度对风险识别结果进行再次整理和归类。

（1）政治风险。

政治风险的产生主要涉及东道国政权是否稳定、政策是否连贯、国家治理是否有效、地缘政治是否严峻等各方面因素。通过案例分析与文献研究识别出政治风险主要是由于东道国国家治理、地缘政治等因素的不确定性导致的"一带一路"项目投资主体在投资活动中受损的可能性。

一是征收或者国有化。东道国政府利用国有化法律法规形成强制力，迫使外资企业将部分股份转让甚至全部国有化。

二是政府违约。东道国政府违反合同约定行为导致项目中断，比如2015年被斯里兰卡政府叫停的科伦坡港口项目，停工期间每天损失约38万美元。

三是政府更迭。政府更迭主要体现在东道国政局不稳、政权变更以及政策不连续等方面。以印度尼西亚为例，其政府为了保护国内能源与矿产，与其相关的投资政策朝令夕改，这样不稳定的政策环境，导致中国企业投资的相关项目无法对成本和风险做出相对可靠的预测与有力的控制，被迫放弃。

四是政府反对。东道国政府反对主要体现在东道国政府基于维护本国经济安全、国防安全等原因反对投资交易。比如，中国国家电网收购比利时Eandis电力公司股份时，当地政府因为担心中国企业控制电力公司后会影响当地居民的用电安全而反对该项投资交易。

五是政府制裁。当一个投资企业低估或忽视环境问题的重要性时，很容易遭受政府制裁风险，目前由于环境原因被东道国政府制裁的案例比比皆是。

六是内部政治斗争。东道国内部政治斗争可能导致项目无限期延期，比如，2018年马来西亚新总理马哈蒂尔上台后暂停中资项目；东道国内部政治斗争还有可能导致项目在引进后，被取消优惠条件，致使项目继续推进的盈利空间被极度压缩，甚至无利可图，最终被迫放弃。

七是政府有效性。政府有效性主要体现在政府的公信度、市场监管能力、政策执行、腐败控制以及法律法规等治理水平上。一国的政府治理水平是海外企业对东道国进行项目投资的重要因素，政府的管理水平越高，吸引海外项目投资的可能性越大。如果一个国家的政府办事效率低、腐败严重、政府干预、违约现象严重，就会加大该国的政治风险。"一带一路"共建一些国家营商环境欠佳、执法随意性大、行政审批拖沓、契约精神不强、违约风险大，随意增加税种，提高税率。

八是战争或暴乱。东道国的战争或暴乱是中国海外项目投资企业遭遇的巨大政治风险。比如，2011年爆发的利比亚战争致300人遇难，中国驻利比亚的企业全面停工，而且包括中水、中建、中交和中铁等大型基础设施建设企业的项目工地都发生了袭击事件，还有一些从事建筑工程承包的民营企业发生了财务抢劫事件，中国在利比亚的员工被迫离开，由于这场暴乱，中国在利比亚投资的企业损失惨重。

九是腐败问题。"一带一路"共建一些国家"吃拿卡要"现象严重，比如，有的国家政府要求企业义务修桥，否则项目就不能顺利实施；有的国家政府"寻租"现象严重，要钱办事现象普遍；有些国家上下都想从"一带一路"项目上捞得好处，甚至僧侣竞选都要求中资企业赞助。

十是地缘政治风险。地缘政治风险目前也是东道国政治风险中受关注度较大的一类。"一带一路"囊括了东北亚、东南亚、南亚、西亚、北非、中东欧和中亚等多个地区的国家，各国政治制度存在很大差异，地缘政治颇为复杂。中亚国家民族复杂，宗教意识很强，另外在一些国家还存在部落的严格等级制度，独裁腐败问题严重。中亚地区又地处"一带一路"共建的重要交叉口，因此中亚地区不仅面临中亚内部区域的挑战，还面临外部区域的挑战，比如，一些国家的立场，美国对"一带一路"的干扰，周边国际组织的影响等，地缘政治风险突出。中国与印度有多重利益冲突，"一带一路"倡议更是引起印度的担忧与反制。中国与共建国家间的海洋争端、共建各国政局动荡、共建国家之间的矛盾与冲突、恐怖主义、自然灾害、重大卫生问题、生态环境问题等一系列非传统安全威胁都会加剧地缘政治风险，给企业进行海外项目投资活动带来风险。

（2）经济风险。

经济风险通常是指因国家经济波动、国家投资开放度、社会失业率等因素导致企业在对外直接投资过程中遭遇经济损失的可能性。经济发展水平、主权债务、国家投资开放度、失业率、经济发展平衡度、人均GDP都是衡量一国经济风险的重要因素。多数学者认为，东道国的经济状况是一国对外直接投资主要的考量因素。如果东道国的经济不尽如人意且稳定性差，贸然进行投资，将对收益产生消极影响。"一带一路"共建国家的经济风险主要包括以下几个方面。

一是经济发展水平。经济发展水平是衡量一国经济风险的基础条件，经济发展水平越高，经济环境越稳定，经济风险越低，反之，经济发展水平低下，经济环境波动等因素都会造成东道国较大的经济风险。由于"一带一路"共建的大部分国家没有打下夯实的经济基础，经济稳定性较差，受国际经济形势的影响较大，因此大部分国家经济风险较高。

二是经济政策风险。经济政策风险主要源于东道国的经济政策，具体体现在中国企业进行"一带一路"项目投资时由于东道国经济政策变动而引起的亏损甚至破产的风险。在海外项目投资过程中，东道国经济政策的不稳定也会给投资活动带来巨大风险。物价波动、利率波动、汇率波动、投产变化等经济波动现象都会造成海外项目投资企业投资收益的严重损失。为了防止出现经济危机，"一带一路"共建国家受到美国加息政策的影响，采用量化宽松货币政策，出现货币贬值现象，很容易发生金融风险。"一带一路"共建国家的汇率制度大多比较僵化，比如，俄罗斯、巴基斯坦采用汇率管制制度，约旦等国依赖美元，波黑采用欧元的货币保障制度等，中国企业在共建国家的项目投资都将面临较为严重的经济政策风险。

三是主权信用风险。主权信用风险主要源于东道国政府由于主权信用产生的违约风险。主权信用风险主要取决于一国政府的债务规模、偿债能力、偿债意愿等因素。主权信用评级在"一带一路"共建国家中的分布差异较为显著，且跟中国密切合作的国家主权信用评级都不够高，这也成为中国企业对共建国家进行项目投资时必须慎重考虑的重要因素。

（3）社会风险。

社会风险是政治、经济、文化、法律等因素共同作用而产生的社会影响，主要指社会的安全稳定程度。社会风险在很大程度上与一国政治经济的大环境有关，如一国爆发社会内部冲突、因政权受到国外势力干涉而引发的外部冲突等；同时也与国民整体的受教育水平有关，如因教育普及率低下而增加犯罪和发生社会暴力事件的概率上升等。社会风险较低的国家，社会环境优良，社会发展更为稳定，能在一定程度减少社会不良因素对企业正常经营的冲击。"一带一路"共建国家的社会风险主要体现在社会安全、内外部冲突以及文化差异等方面。

第一，社会安全风险主要是指由于东道国社会秩序不稳定等因素引起的社会风险，具体体现在政府综合管理能力不足，罢工、失业、犯罪等现象频发。基于经济因素考虑，一些国家的行业协会等非政府组织为阻止外商投资，采取罢工、游行等方式进行抵制，如果该国政府的社会风险管控能力比较弱，就会造成罢工事件的升级、恶化，最后威胁到外资企业以及员工的安全，甚至有的国家对此类事件进行偏袒和鼓励，最后导致海外企业的投资收益受损。犯罪率往往作为衡量一国社会安全的重要因素，同时也与一国国民整体的受教育水平有关，如因教育普及率低下也会导致犯罪和发生社会暴力事件的概率上升。在企业的海外项目投资活动中，社会安全风险也是影响企业进行决策的重要因素。

第二，内外部冲突风险。"一带一路"共建国家在民族、文化、宗教等方面的差异较大，有的国家内部民族矛盾尖锐，中央政府往往处于弱势地位，对事态控制力不足，造成部族割据，这在中亚地区表现明显。部分国家区域宗教干预政治、政教合一情况严重。南亚地区受到宗教政治化的影响，政局动荡不安。由于民族内部冲突引起的社会风险会直接影响跨国企业海外项目投资的决策，也是造成中国企业海外项目投资失败的主要原因之一。"一带一路"共建国家政治局势复杂，如印度与巴基斯坦之间因领土而爆发的社会冲突、阿富汗因外部势力干涉而引发的军事冲突等间断发生。同时，共建国家之间在宗教文化、价值观领域也存在较大差异，如以色列与阿拉伯国家之间因民族、宗教、文化等多种因素而引发的冲突时有发生。可见，"一带一路"共建国家复杂多变的社会环境使得企业面临比投资其他地区更为严峻多变的社会风险。

第三，文化差异风险。文化差异风险是指海外企业与不同国别、背景、人文地理、种族以及信仰的经济体进行经营活动时，遇到由于民族文化差异而产生的风险。中国企业与"一带一路"共建国家企业明显的文化差异加大了投资整合难度，目前中国企业在共建国家的项目投资过程中，常常被东道国的政府、投资者、媒体、雇员以及民众所怀疑，这都会给"一带一路"项目投资产生不利影响，造成损失。

4.2 东道国风险测度指标体系构建

在全面分析"一带一路"共建国家的风险案例、代表性文献以及国际评价机构发布的指标体系后,基于对沿线国家投资风险类型及特点的把握,本书从政治、经济、社会等多角度多层面出发,在兼顾全面性、代表性、实用性、可操作性等原则的基础上,对风险因素变量进行优化与处理。首先,通过代表性文献分析识别出学者们进行"一带一路"共建国家风险指标体系构建时强调的重要指标变量;其次,在前文风险识别结果的基础上,对指标变量进行删选、增补和优化;最终,基于数据的可获性,构建涵盖政治风险、经济风险、社会风险3个维度的东道国综合风险测度指标体系,并确立24个基本指标。

4.2.1 政治维度风险指标

根据前文政治风险识别结果,"一带一路"共建国家的政治风险主要包括国家治理、地缘政治以及对华关系三方面。参考现有文献(谢孟军,2015;周伟等,2017;刘海猛等,2019)以及世界银行评价体系,对指标变量进行优化处理后,本书在政治维度风险指标中的国家治理方面选取了腐败控制P1、政府效力P2、监管质量P4、法制建设P5、公民参与P6五个二级指标;地缘政治方面选取了政治稳定P3一个二级指标。"一带一路"共建国家与中国的建交时间以及中国对共建国家的援助程度可以很好地反映双方的政治交往,良好的双边政治关系是中国对沿线国家项目投资的重要因素,因此,在现有文献的基础上,本书增补了反映东道国与中国政治关系的对华政治关系因素,并选取建交年限P7和对外援助力度P8两个二级指标对政治维度风险指标体系进行补充。每个指标的具体含义、数据来源,以及指标的单位和在测度体系中的正负方向如表4-1所示。

表4-1 政治维度风险指标

指标层	二级指标	指标说明	单位	指标方向	数据来源
东道国因素	腐败控制P1	评估东道国政府控制本国腐败的能力,数据区间为[-2.5, 2.5],数值越大,控制腐败能力越强,政治风险越低	指数	负	世界银行WGI
东道国因素	政府效力P2	评估东道国公共服务、行政部门的有效性以及政策制定和执行的质量,数据区间为[-2.5, 2.5],数值越大,政府有效性越强,政治风险越低	指数	负	世界银行WGI

续表

指标层	二级指标	指标说明	单位	指标方向	数据来源
东道国因素	政治稳定 P3	评估东道国政治军事的稳定性,包括不存在暴力以及恐怖事件等,数据区间为[−2.5,2.5],数值越大,政治军事稳定性越高,政治风险越低	指数	负	世界银行 WGI
东道国因素	监管质量 P4	评估东道国政府管理部门的监管能力,数据区间为[−2.5,2.5],数值越大,政府监管质量越高,政治风险越低	指数	负	世界银行 WGI
东道国因素	法制建设 P5	评估东道国的法律完备度、执行度以及司法独立性,数据区间为[−2.5,2.5],数值越大,法制制度越健全,政治风险越低	指数	负	世界银行 WGI
东道国因素	公民参与 P6	评估东道国的政治民主度,包括公民对政治生活的参与度以及言论自由等,数据区间为[−2.5,2.5],数值越大,政治民主度越高,政治风险越低	指数	负	世界银行 WGI
对华政治因素	建交年限 P7	中国与东道国建交年限,数值越大,政治风险越低	年	负	相关网站
对华政治因素	对外援助力度 P8	中国对东道国的援助项目金额,数值越大,政治风险越低	美元	负	中国官方援助数据库

4.2.2 经济维度风险指标

根据前文经济风险识别结果,"一带一路"共建国家的经济风险主要体现在经济发展水平、经济政策以及主权信用风险等方面。因此,在借鉴以往文献(王海军和高明,2012;胡俊超,2020)的基础上,对指标变量进行优化处理后,本书经济维度风险指标中关于东道国经济发展水平方面采用国内市场规模 E1、GDP 增长率 E3、通货膨胀率 E4 三个二级指标;东道国经济政策方面采用对外贸易依存度 E5、汇率波动 E8 两个二级指标;主权信用方面采用外汇储备 E2、外债指数 E6、预算平衡 E7 三个二级指标。大量研究结果表明,区域贸易协定不仅可以促进本国招商引资,还能缓解东道国经济金融风险对中国"一带一路"项目投资的负向影响(李婷和汤继强,2022),区域贸易协定的签署在很大程度上会影响东道国的经济风险,因此,本书增补了对华经济因素并选取了是否签署区域贸易协定(RTA)E9 一个二级指标作为经济维度风险指标体系的补充。每个指标的具体含义、数据来源,以及指标的单位和在测度体系中的正负方向如表4-2所示。

表4-2 经济维度风险指标

指标层	二级指标	指标说明	单位	指标方向	数据来源
东道国因素	国内市场规模 E1	反映东道国市场规模,数值越大,市场规模越高,经济风险越低	指数	负	全球竞争力报告 GCR
	外汇储备 E2	年末外汇储备量,反映一国的金融水平,数值越高,应对金融危机的能力越大,经济风险越低	美元	负	世界货币基金组织 IMF
	GDP增长率 E3	反映经济增速,数值越大,经济增速越快,经济风险越低	%	负	世界银行 WDI
	通货膨胀率 E4	采用年度通货膨胀变动率衡量,反映东道国物价水平变动,数值越高,波动性越强,经济风险越大	%	正	世界银行 WDI
	对外贸易依存度 E5	采用进出口总额/GDP衡量,反映对外贸易依存度和开放度,数值越高,对外贸易依存度越高,风险越低	%	负	世界银行 WDI
	外债指数 E6	采用年末外债余额/当年GDP衡量,取值为[0,10],数值越大,外债规模越小,经济风险越低	指数	负	ICRG 金融风险指数
	预算平衡 E7	反映东道国的财政实力,取值为[0,10],指数越高,经济风险越低	指数	负	ICRG 金融风险指数
	汇率波动 E8	采用年度汇率变动指标,取值为[0,10],数值越大,经济风险越低	指数	负	ICRG 金融风险指数
对华经济因素	是否签署区域贸易协定(RTA)E9	签署为1,未签署为0,数值越高,经济风险越低	指数	负	世界贸易组织 WTO

4.2.3 社会维度风险指标

根据前文社会风险识别结果,"一带一路"共建国家的社会风险主要体现在社会安全、内外部冲突以及文化差异等方面。因此借鉴以往文献(李福胜,2006;孟醒和曹有德,2015;唐晓彬等,2020)的研究成果,对指标变量进行优化处理后,本书在社会维度风险指标中的社会安全方面选取了失业率 S1、犯罪率 S2、中学入学率 S3、预期寿命 S4 四个二级指标；内外部冲突方面选取了内部冲突 S5、宗教冲突 S6 两个二级指标。近些年，国内学者们以及"一带一路"相关社会风险研究成果越来越强调文化差异的重要性，霍夫斯泰德（Hofsted）文化维度的研究成果为文化差异的定量研究提供了参考依据，因此，本书增补了对华社会因素并选取了文化距离 S7 一个二级指标作为社会风险维度指标体系的补充。每个指标的具体含义、数据来源，以及指标的单位和在测度体系中的正负方向如表 4 - 3 所示。

表 4 - 3　社会维度风险指标

指标层	二级指标	指标说明	单位	指标方向	数据来源
东道国因素	失业率 S1	反映东道国就业情况，数值越大，失业率越高，社会风险越大	%	正	世界银行 WDI
	犯罪率 S2	反映东道国社会治安情况，采用每十万人被谋杀数衡量，数值越高，社会风险越大	%	正	世界银行 WDI
	中学入学率 S3	反映东道国国民教育水平，数值越高，社会风险越低	%	负	联合国教科文组织
	预期寿命 S4	反映东道国医疗水平，数值越高，社会风险越低	年	负	世界银行 WDI
	内部冲突 S5	反映东道国内战、内乱、内部恐怖主义等形势，取值 [0, 12]，数值越大，社会风险越低	指数	负	ICRG 金融风险指数
	宗教冲突 S6	反映东道国内部宗教冲突风险，取值 [0, 6]，数值越大，社会风险越低	指数	负	ICRG 政治风险指数
对华社会因素	文化距离 S7	采用 Hofsted 六维度指标测算，数值越大，文化距离越大，社会风险越大	指数	正	Hofsted

该指标体系既反映了"一带一路"项目在建设过程中可能遭遇到的不确定性事件，又充分考虑了各大评级机构以及学者们在研究过程中强调的重要风险指标，同时将东道国与中国的关系因素纳入到各维度风险的考察范畴。此外各指标对应的数据均来自相关机构或数据库的权威统计数据，能够全面科学反映中国对"一带一路"共建国家项目投资时所面临的风险大小。

4.3 东道国风险测度方法

4.3.1 熵值法

风险测度主要包括两个步骤，即指标权重的确定以及风险值的测算。熵值法是根据各项指标观测值所提供的信息大小来确定指标权重的一种客观赋权法，变量所含信息量的大小由变量的不确定性决定，这种不确定性依赖所考察的指标变量自身的变异程度，而不涉及指标之间的相互影响。从构建指数的角度来说，指数需要给予所含信息量大的指标更多的权重，而不是强调指标之间的关联性，因而熵值法更为客观、科学，更适合多指标风险测度的问题研究。

本书的研究对象是中国企业进行项目投资时面临的"一带一路"共建国家风险，涉及东道国政治、经济、社会等多维度风险指标。因此，本章采用熵值法对东道国的政治、经济、社会以及综合风险进行赋权及测算。具体赋权与测算步骤如下：

（1）构建原始指标矩阵。

设样本有 m 个国家，n 项测度指标，则原始指标矩阵为：

$$\boldsymbol{X} = (x_{ij})_{m \times n} \tag{4-1}$$

式中，x_{ij} 为第 i 行第 j 列指标。

（2）标准化处理。

为了计算风险指数，首先需要对不同正负方向的指标进行去量纲化，正负指标分别采用以下两个公式进行标准化处理，处理之后每个指标的变量取值变为 $[0,1]$。

正向指标：
$$x'_{ij} = \frac{x_{ij} - \min[x_j]}{\max[x_j] - \min[x_j]} \tag{4-2}$$

负向指标：
$$x'_{ij} = \frac{\max[x_j] - x_{ij}}{\max[x_j] - \min[x_j]} \tag{4-3}$$

其中，x'_{ij} 表示第 i 个记录第 j 项评价指标的数值，$\max[x_j]$ 和 $\min[x_j]$ 分别为所有年份中第 j 项评价指标的最大值与最小值。正向指标的值越大风险越高，负向指标的值越大风险越小。

（3）计算第 j 项指标下第 i 个被测试对象的特征比重，记作 V_{ij}。

在对基本指标进行无量纲化处理的基础上，对于第 j 项指标，x'_{ij} 的变异程度越大，表明该指标对被测试对象贡献的有用信息量越多，计算公式如下：

$$V_{ij} = \frac{x'_{ij}}{\sum_{i=1}^{n} x'_{ij}} \tag{4-4}$$

(4) 计算第 j 项指标的熵值，记为 E_j。

$$E_j = -\frac{1}{\ln(n)}\sum_{i=1}^{n}V_{ij}\ln(V_{ij}) \qquad (4-5)$$

其中，当 $V_{ij}=0$ 或者 $V_{ij}=1$ 时，$V_{ij}\ln(V_{ij})=0$。令指标的差异系数为 D_j，则 $D_j=1-E_j$，D_j 越大，表明指标 j 内含的被测度对象的信息量越大，则应对其赋予较大的权重，该指标在测度体系中的重要性越大。

(5) 确定各一级指标和二级指标的权重，记作 W_j。

$$W_j = \frac{D_j}{\sum_{j=1}^{m}D_j} \qquad (4-6)$$

(6) 计算政治、经济、社会各维度的测度值，记作 F_i。

$$F_i = \sum_{j=1}^{m}w_j \times x'_{ij} \qquad (4-7)$$

(7) 计算综合风险测度值，记作 S_i。

$$S_i = \sum_{j=1}^{m}F_i w_j \qquad (4-8)$$

根据综合风险测度值，分值越高，风险越高，反之越低。

4.3.2 数据处理说明

所有风险指标均收集了 38 个样本国家 2005~2019 年的时间序列数据，相关指标数据主要来源于世界银行、国际国别风险指南（ICRG）、世界货币基金组织、全球竞争力报告等数据平台或网站，其中部分国家的部分指标时间序列不连续，本章采用趋势外推的方法进行了补齐。然后按照公式（4-2）、式（4-3）对各个指标数据进行处理，对不同正负方向的指标进行去量纲化，处理之后每个指标的变量取值为 [0，1]，数值越大，风险值越高，风险越大。

4.3.3 样本国家选取

剔除 2005~2019 年没有项目投资以及项目投资数量很少的国家后，考虑到部分国家关键数据的缺失，根据研究目的以及数据的可得性，本章将对"一带一路"共建 38 个国家进行风险测度，详见表 4-4。

表 4-4 "一带一路"共建 38 个样本国家

东盟	新加坡、马来西亚、印度尼西亚、缅甸、泰国、越南、文莱、菲律宾
西亚	伊朗、伊拉克、土耳其、叙利亚、约旦、以色列、沙特阿拉伯、阿曼、阿联酋、卡塔尔、科威特、埃及
南亚	印度、巴基斯坦、孟加拉国、斯里兰卡

东亚	蒙古
中亚	哈萨克斯坦
独联体	俄罗斯、乌克兰、白俄罗斯、阿塞拜疆、摩尔多瓦
中东欧	波兰、捷克、匈牙利、克罗地亚、保加利亚、塞尔维亚、罗马尼亚

4.3.4 指标权重确定

根据上述指标权重的计算公式（4-4）~（4-6），分别计算出政治、经济、社会各维度的权重以及各二级指标的权重。表4-5列出了2005~2019年各年份政治、经济、社会维度风险的指标权重。从表4-5可以看出，"一带一路"共建国家综合风险中政治维度和经济维度的权重比较大，社会维度占比较少。由此可见，"一带一路"共建各国的政治风险和经济风险依旧是中国企业进行项目投资所要面临的主要风险。

表4-5 2005~2019年各年份政治、经济、社会维度风险指标权重

年份	政治维度风险权重	经济维度风险权重	社会维度风险权重	合计
2005	0.3706	0.4732	0.1562	1.0000
2006	0.4036	0.4737	0.1227	1.0000
2007	0.4065	0.4802	0.1133	1.0000
2008	0.3904	0.4901	0.1196	1.0000
2009	0.3967	0.4940	0.1093	1.0000
2010	0.4182	0.4773	0.1045	1.0000
2011	0.3909	0.5182	0.0909	1.0000
2012	0.4636	0.4441	0.0923	1.0000
2013	0.4103	0.4951	0.0945	1.0000
2014	0.4131	0.4846	0.1023	1.0000
2015	0.3927	0.5025	0.1047	1.0000
2016	0.4224	0.4633	0.1143	1.0000
2017	0.4248	0.4714	0.1038	1.0000
2018	0.4270	0.4663	0.1066	1.0000
2019	0.4269	0.4661	0.1070	1.0000

2005~2019年各年二级指标的权重如表4-6~表4-8所示。从表中可以看出，政治风险维度和经济风险维度中的对华因素权重占比最大，社会维度中的对华因素占比也相对较大，可见东道国与中国之间的政治、经济、社会交往等因素已经成为"一带一路"共建国家综合风险指标体系中的重要影响因素。

表 4-6　2005～2009 年各年二级指标权重

指标层	二级指标	指标权重（2005年）	指标权重（2006年）	指标权重（2007年）	指标权重（2008年）	指标权重（2009年）
东道国政治因素	腐败控制 P1	0.0293	0.0295	0.0267	0.0297	0.0328
	政府效力 P2	0.0367	0.0349	0.0300	0.0297	0.0326
	政治稳定 P3	0.3105	0.2976	0.3153	0.2980	0.2922
	监管质量 P4	0.0522	0.0531	0.0504	0.0495	0.0537
	法制建设 P5	0.0414	0.0450	0.0437	0.0458	0.0485
	公民参与 P6	0.0659	0.0847	0.0844	0.0858	0.0834
对华政治因素	建交年限 P7	0.2651	0.2602	0.2569	0.2637	0.2610
	对外援助 P8	0.1988	0.1951	0.1927	0.1978	0.1957
合计	—	1.0000	1.0000	1.0000	1.0000	1.0000
东道国经济因素	国内市场规模 E1	0.0150	0.0154	0.0138	0.0120	0.0163
	外汇储备 E2	0.0105	0.0085	0.0115	0.0415	0.0356
	GDP 增长率 E3	0.0085	0.0101	0.0104	0.0157	0.0410
	通货膨胀率 E4	0.0616	0.0506	0.0597	0.0416	0.0408
	对外贸易依存度 E5	0.0085	0.0087	0.0088	0.0092	0.0105
	外债指数 E6	0.0541	0.0487	0.0466	0.0496	0.0569
	预算平衡 E7	0.0536	0.0521	0.0629	0.0565	0.0255
	汇率波动 E8	0.2844	0.2874	0.2929	0.2152	0.1742
对华经济因素	是否签署区域贸易协定 RTA E9	0.5039	0.5186	0.4933	0.5587	0.5992
合计	—	1.0000	1.0000	1.0000	1.0000	1.0000
东道国社会因素	失业率 S1	0.1190	0.1263	0.1194	0.1213	0.1193
	犯罪率 S2	0.3048	0.3118	0.2839	0.3346	0.3056
	中学入学率 S3	0.1228	0.1344	0.1478	0.0922	0.1515
	预期寿命 S4	0.0771	0.0775	0.0822	0.0850	0.0801
	内部冲突 S5	0.1283	0.1016	0.1125	0.1020	0.0799
	宗教冲突 S6	0.1436	0.1434	0.1465	0.1465	0.1449
对华社会因素	文化距离 S7	0.1043	0.1051	0.1078	0.1183	0.1187
合计	—	1.0000	1.0000	1.0000	1.0000	1.0000

表 4－7 2010～2014 年各年二级指标权重

指标层	二级指标	指标权重（2010 年）	指标权重（2011 年）	指标权重（2012 年）	指标权重（2013 年）	指标权重（2014 年）
东道国政治因素	腐败控制 P1	0.0317	0.0304	0.0306	0.0318	0.0313
	政府效力 P2	0.0336	0.0343	0.0365	0.0391	0.0382
	政治稳定 P3	0.2989	0.3065	0.2939	0.2918	0.3075
	监管质量 P4	0.0539	0.0518	0.0472	0.0459	0.0390
	法制建设 P5	0.0456	0.0445	0.0446	0.0449	0.0409
	公民参与 P6	0.0803	0.0806	0.0744	0.0802	0.0726
对华政治因素	建交年限 P7	0.2605	0.2583	0.2701	0.2665	0.2689
	对外援助 P8	0.1954	0.1937	0.2026	0.1999	0.2017
合计	—	1.0000	1.0000	1.0000	1.0000	1.0000
东道国经济因素	国内市场规模 E1	0.0141	0.0124	0.0111	0.0103	0.0152
	外汇储备 E2	0.0270	0.0139	0.0284	0.0271	0.0405
	GDP 增长率 E3	0.0147	0.0153	0.0219	0.0202	0.0478
	通货膨胀率 E4	0.0531	0.0810	0.1594	0.0686	0.0279
	对外贸易依存度 E5	0.0090	0.0088	0.0086	0.0082	0.0092
	外债指数 E6	0.0501	0.0474	0.0576	0.0454	0.0614
	预算平衡 E7	0.0317	0.0437	0.0493	0.0460	0.0496
	汇率波动 E8	0.2802	0.2965	0.1947	0.3254	0.2538
对华经济因素	是否签署区域贸易协定 RTA E9	0.5201	0.4811	0.4690	0.4488	0.4946
合计	—	1.0000	1.0000	1.0000	1.0000	1.0000
东道国社会因素	失业率 S1	0.1486	0.1704	0.1787	0.1550	0.1509
	犯罪率 S2	0.2901	0.2846	0.2563	0.2803	0.2872
	中学入学率 S3	0.1276	0.1210	0.1390	0.1540	0.1203
	预期寿命 S4	0.0817	0.0840	0.0823	0.0808	0.0792
	内部冲突 S5	0.0848	0.0710	0.0731	0.0695	0.1068
	宗教冲突 S6	0.1463	0.1455	0.1439	0.1357	0.1315
对华社会因素	文化距离 S7	0.1209	0.1236	0.1266	0.1248	0.1242
合计	—	1.0000	1.0000	1.0000	1.0000	1.0000

表 4-8 2015～2019 年各年二级指标权重

指标层	二级指标	指标权重（2015年）	指标权重（2016年）	指标权重（2017年）	指标权重（2018年）	指标权重（2019年）
东道国政治因素	腐败控制 P1	0.0302	0.0337	0.0315	0.0318	0.0324
	政府效力 P2	0.0375	0.0371	0.0372	0.0373	0.0372
	政治稳定 P3	0.3034	0.2872	0.2995	0.2960	0.2942
	监管质量 P4	0.0374	0.0367	0.0375	0.0372	0.0371
	法制建设 P5	0.0397	0.0443	0.0411	0.0414	0.0423
	公民参与 P6	0.0818	0.0778	0.0795	0.0793	0.0789
对华政治因素	建交年限 P7	0.2685	0.2761	0.2707	0.2726	0.2731
	对外援助 P8	0.2014	0.2071	0.2030	0.2044	0.2049
合计	—	1.0000	1.0000	1.0000	1.0000	1.0000
东道国经济因素	国内市场规模 E1	0.0114	0.0096	0.0083	0.0089	0.0089
	外汇储备 E2	0.0587	0.0231	0.0406	0.0423	0.0353
	GDP 增长率 E3	0.0570	0.0164	0.0580	0.0337	0.0360
	通货膨胀率 E4	0.0398	0.0236	0.0593	0.0845	0.0558
	对外贸易依存度 E5	0.0116	0.0116	0.0100	0.0102	0.0106
	外债指数 E6	0.0610	0.0498	0.0384	0.0367	0.0416
	预算平衡 E7	0.0332	0.0640	0.0312	0.0621	0.0524
	汇率波动 E8	0.1608	0.2869	0.3058	0.2441	0.2789
对华经济因素	是否签署区域贸易协定 RTA E9	0.5665	0.5150	0.4485	0.4774	0.4803
合计	—	1.0000	1.0000	1.0000	1.0000	1.0000
东道国社会因素	失业率 S1	0.1375	0.1242	0.1370	0.1393	0.1335
	犯罪率 S2	0.2679	0.2635	0.2458	0.2541	0.2545
	中学入学率 S3	0.1292	0.1533	0.1595	0.1777	0.1635
	预期寿命 S4	0.0714	0.0671	0.0746	0.0734	0.0717
	内部冲突 S5	0.1479	0.1620	0.1292	0.1060	0.1324
	宗教冲突 S6	0.1261	0.1174	0.1285	0.1260	0.1240
对华社会因素	文化距离 S7	0.1199	0.1126	0.1253	0.1234	0.1204
合计	—	1.0000	1.0000	1.0000	1.0000	1.0000

4.4 东道国风险测度结果与评价

4.4.1 各维度风险测度结果与评价

根据式（4-7）分别计算出38个样本国家2005～2019年各年的政治、经济和社会风险测度值，为避免某些个别年份风险值波动较大的情况，本章将采用风险平均值对其进行评价。表4-9报告了2005～2019年38个样本国家15年的政治、经济、社会各维度的平均风险测度值❶及排名。从具体维度的风险测度值来看，不同国家各个维度的风险仍具有很大的差异性。

表4-9　2005～2019年各维度年均风险测度值排名

排名	国家	政治风险测度值	国家	经济风险测度值	国家	社会风险测度值
1	新加坡	0.18	新加坡	0.41	新加坡	0.69
2	捷克	0.27	沙特阿拉伯	0.53	卡塔尔	1.15
3	波兰	0.35	阿曼	0.56	捷克	1.17
4	匈牙利	0.39	阿联酋	0.56	文莱	1.21
5	克罗地亚	0.52	文莱	0.59	越南	1.24
6	卡塔尔	0.57	科威特	0.70	阿联酋	1.39
7	阿联酋	0.60	泰国	0.72	阿曼	1.44
8	保加利亚	0.62	菲律宾	0.77	克罗地亚	1.81
9	以色列	0.64	越南	0.85	保加利亚	1.84
10	罗马尼亚	0.64	以色列	0.90	波兰	1.86
11	马来西亚	0.67	孟加拉国	1.17	科威特	1.89
12	蒙古	0.70	印度	1.20	马来西亚	1.89
13	阿曼	0.70	缅甸	1.21	罗马尼亚	1.90

---

❶　为了呈现更加明显的风险分布特征，本章将所测算的风险值采取了扩大100倍的方法。

续表

排名	国家	政治风险测度值	国家	经济风险测度值	国家	社会风险测度值
14	科威特	0.77	斯里兰卡	1.21	沙特阿拉伯	1.99
15	摩尔多瓦	0.90	保加利亚	1.23	匈牙利	2.09
16	印度	0.92	克罗地亚	1.24	阿塞拜疆	2.21
17	土耳其	0.94	巴基斯坦	1.28	印度尼西亚	2.31
18	斯里兰卡	0.98	捷克	1.30	白俄罗斯	2.43
19	哈萨克斯坦	1.00	俄罗斯	1.30	缅甸	2.48
20	泰国	1.02	印度尼西亚	1.34	摩尔多瓦	2.71
21	乌克兰	1.03	阿塞拜疆	1.48	以色列	2.72
22	沙特阿拉伯	1.06	哈萨克斯坦	1.53	斯里兰卡	2.84
23	白俄罗斯	1.13	罗马尼亚	1.53	约旦	2.90
24	俄罗斯	1.17	马来西亚	1.56	泰国	3.02
25	阿塞拜疆	1.18	蒙古	1.61	哈萨克斯坦	3.03
26	埃及	1.19	波兰	1.61	孟加拉国	3.04
27	伊朗	1.34	乌克兰	1.66	乌克兰	3.08
28	巴基斯坦	1.42	伊朗	1.70	土耳其	3.13
29	缅甸	1.46	塞尔维亚	1.93	伊朗	3.30
30	文莱	7.87	埃及	1.93	印度	3.33
31	塞尔维亚	8.16	匈牙利	2.03	叙利亚	3.36
32	约旦	8.24	土耳其	2.65	埃及	3.42
33	印度尼西亚	8.32	白俄罗斯	2.70	塞尔维亚	3.49
34	越南	8.35	叙利亚	3.09	蒙古	3.53
35	菲律宾	8.37	卡塔尔	10.72	菲律宾	4.10
36	孟加拉国	8.57	约旦	10.77	巴基斯坦	4.91
37	叙利亚	8.86	摩尔多瓦	11.48	俄罗斯	5.26
38	伊拉克	8.92	伊拉克	11.80	伊拉克	5.88

(1) 政治风险。

由表4-9可以看出，新加坡、捷克、波兰、匈牙利政治风险相对较低，伊拉克、叙利亚、孟加拉国、菲律宾、越南、印度尼西亚等国政治风险都比较高。相比较而言，中东欧政治风险相对偏小，西亚、南亚地区政治风险偏高。

西亚地区的伊拉克、叙利亚面临很高的政治风险。伊拉克本国目前面临比较严重的种族、宗教和政治矛盾等问题，且恐怖事件频发，虽然伊拉克政府在极力维持本国的政局稳定，但从长期来看，伊拉克的政治风险依旧很高，再加上外界因素的影响，政治环境也会更加复杂，所以中国企业在伊拉克进行项目投资时，应谨慎考虑。叙利亚长期受内战以及恐怖主义的威胁，国内安全形势异常严峻，并且叙利亚长期的无政府状态，导致投资环境更恶劣，因此当前叙利亚并不具备海外项目投资的环境。

东南亚部分国家政治风险较高。尽管对东南亚投资仍存在较大的政治风险，但是随着"孟中印缅经济走廊"建设的推进，只要做好风险防控工作，对东南亚地区的投资还是有很大机遇的。

（2）经济风险。

综合中长期经济风险的指标，"一带一路"共建大部分的国家处于中等投资风险等级，西亚以及独立国家联合体（以下简称"独联体"）国家经济风险偏高，经济风险最高的6个国家分别是伊拉克、摩尔多瓦、约旦、卡塔尔、叙利亚、白俄罗斯。

伊拉克和叙利亚的经济风险与政治风险密不可分，叙利亚在政府债务以及通货膨胀率等方面风险也很高。

摩尔多瓦经济受乌克兰危机的影响，经济增长有极大的不确定因素，摩尔多瓦基础设施情况较差，铁路和公路网线并不发达，经济方面严重依赖外汇以及援助基金，持续而庞大的贸易赤字也是影响摩尔多瓦财政稳定的主要因素，2008年以来，独联体国家经济发展的外部环境恶化，地区冲突加剧，摩尔多瓦货币大幅贬值。

周边国家的战乱、难民问题以及恐怖主义对约旦的社会经济环境带来巨大冲击，加上本身经济基础薄弱、贫困、高失业率、高负债率等因素，约旦经济风险很大，约旦政府在无力偿还债务时经常要求贷款减免或者转增，因此债务违约风险很严重。

卡塔尔油气资源丰富，是最大的液化天然气出口国，目前卡塔尔经济仍然高度依赖资源出口，国内经济受油气资源价格波动影响较大，具有不稳定性，卡塔尔货币与美元挂钩，对世界经济依赖性强，一旦世界经济疲软，国际能源需求下降加上内需不足，卡塔尔经济将会大幅下滑。

白俄罗斯的石油消费高度依赖俄罗斯，国内计划经济严重，国有企业普遍效益不高，对非国有企业不够重视，经济政策不稳定，致使白俄罗斯面临经济增速缓慢、外部经济不平衡以及货币贬值的风险，因此经济风险偏高。

（3）社会风险。

由表4-9的社会风险数值可以看出，中国在"一带一路"共建国家进行项目投资所面临的东道国社会风险普遍较大，大部分国家处于较高风险等级。大多数共建国家面临国民受教育程度偏低、社会治安堪忧、失业率较高等现象，这些因素都会导致中国企业面临较高的社会风险。

表4-9中显示社会风险排名靠后的几个国家有伊拉克、俄罗斯、巴基斯坦、菲律宾、蒙古。伊拉克由于长期的战乱冲突而恐怖事件频发、经济状况低下、失业率居高不下、社

会安全系数很低，进而社会风险指数很高；俄罗斯、蒙古的犯罪率较高；巴基斯坦、菲律宾的恐怖袭击发生频率也很高。

4.4.2 综合风险测度结果与评价

根据式（4-8）计算得出38个样本国家2005～2019年各年的综合风险测度值，2005～2019年38个样本国家15年的平均综合风险测度值及排名如表4-10所示。

表4-10 2005～2019年年均综合风险测度值及排名

排名	国家	综合风险测度值	排名	国家	综合风险测度值
1	新加坡	0.04	20	马来西亚	1.42
2	阿联酋	0.43	21	乌克兰	1.48
3	阿曼	0.48	22	伊朗	1.67
4	捷克共和国	0.65	23	俄罗斯	1.69
5	科威特	0.66	24	巴基斯坦	1.72
6	沙特阿拉伯	0.71	25	埃及	1.72
7	克罗地亚	0.82	26	土耳其	1.98
8	以色列	0.84	27	白俄罗斯	2.02
9	保加利亚	0.87	28	文莱	3.61
10	泰国	0.96	29	越南	3.97
11	波兰	0.97	30	菲律宾	4.35
12	罗马尼亚	1.04	31	印度尼西亚	4.38
13	斯里兰卡	1.17	32	孟加拉国	4.50
14	印度	1.21	33	塞尔维亚	4.79
15	匈牙利	1.22	34	叙利亚	5.72
16	阿塞拜疆	1.29	35	卡塔尔	5.90
17	缅甸	1.32	36	摩尔多瓦	6.69
18	哈萨克斯坦	1.36	37	约旦	9.54
19	蒙古	1.38	38	伊拉克	10.82

计算出各国综合风险值的平均值后，根据评估分数，按照分位数分类方法将综合风险划分为五等级，划分风险等级标准为：小于0.5分为低风险等级，0.5～1分为较低风险等

级，1~2 分为中等风险等级，2~10 分为较高风险等级，大于 10 分为高风险等级。分值与风险呈正向关系，分值越高风险越大。具体结果如表 4-11 所示。

由表 4-10 和表 4-11 可以看出，新加坡、阿联酋、阿曼平均综合风险比较低；捷克、波兰、克罗地亚、保加利亚等中东欧国家综合风险也相对较低；伊拉克、约旦、卡塔尔、叙利亚等西亚国家以及印度尼西亚、菲律宾、越南、文莱等东盟国家综合风险等级相对较高；综合风险处于中等水平的有斯里兰卡、印度、巴基斯坦等南亚国家，阿塞拜疆、俄罗斯、乌克兰等独联体国家以及马来西亚、缅甸等东盟国家和蒙古、哈萨克斯坦等中东亚国家。测度出的综合风险排名与现实情况基本一致。

表 4-11 2005~2019 年年均综合风险等级分布

风险等级	国家个数	国家名称
低投资风险等级	3	新加坡、阿联酋、阿曼
较低投资风险等级	8	捷克共和国、科威特、沙特阿拉伯、克罗地亚、以色列、保加利亚、泰国、波兰
中等投资风险等级	15	罗马尼亚、斯里兰卡、印度、匈牙利、阿塞拜疆、缅甸、哈萨克斯坦、蒙古、马来西亚、乌克兰、伊朗、俄罗斯、巴基斯坦、埃及、土耳其
较高投资风险等级	11	白俄罗斯、文莱、越南、菲律宾、印度尼西亚、孟加拉国、塞尔维亚、叙利亚、卡塔尔、摩尔多瓦、约旦
高投资风险等级	1	伊拉克

4.5 本章小结

本章根据国家风险相关理论，构建了包含政治、经济、社会三个维度，24 个具体指标的东道国风险测度指标体系，采用熵值法对指标进行赋权及测算，最终测算出 2005~2019 年 38 个"一带一路"共建国家的综合风险值以及政治、经济、社会三个维度的风险值，并对其进行了评价，为中国企业进行"一带一路"项目投资风险防控提供了基本数据支撑。实证结论如下：

（1）研究期内，在"一带一路"共建样本国家中，相比较而言，西亚、南亚地区政治风险偏高，中东欧政治风险比较小；西亚以及独联体国家经济风险偏高；中国在"一带一路"共建国家进行项目投资所面临的东道国社会风险普遍较大，大部分国家处于较高风险等级。

（2）研究期内，中国企业在"一带一路"共建样本国家进行项目投资时，将面临较大的东道国综合风险，有 27 个国家处于中等投资风险等级以及较高投资风险等级。

（3）本章对于目前样本国家综合风险的评估与其他学者研究结果大致一致，风险排名略有差异。现有文献的风险评估数据主要集中在 5 年之内，本书剖析了 2005～2019 年较长的时间序列，以期对"一带一路"建设提供更有利的数据支撑。

第 5 章

东道国风险对中国海外项目投资流向影响的实证分析

东道国风险对中国海外项目投资的影响，由于国别、行业、研究方法等不同并未形成统一定论，针对"一带一路"共建国家的项目投资也缺乏足够成熟可借鉴的经验，因此，进一步深入研究是十分必要的。中国对"一带一路"共建国家项目投资的规模、行业、投资主体等情况如何？主要流入了哪些国家？这些国家的风险情况如何？中国对沿线国家的项目投资是否存在"风险偏好"的特征？如果存在，原因是什么？

基于以上问题，本章首先对中国在"一带一路"共建国家项目投资的特征事实进行统计整理，并通过与第 4 章测度的东道国风险数据进行匹配，初步揭示中国对沿线国家项目投资的风险流向。其次，在特征事实与第 3 章机理分析的基础上引入计量模型，采用系统 GMM 动态面板回归检验东道国各维度风险对中国"一带一路"项目投资流向的影响。最后，通过实证解析中国对沿线国家项目投资呈现"风险偏好"特征的原因。

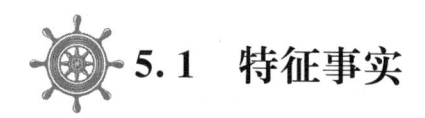

5.1 特征事实

5.1.1 中国对"一带一路"共建国家项目投资的特征事实

为全面了解中国在"一带一路"共建国家项目投资的情况，本章首先对 2005～2019 年中国对共建国家投资的大型项目进行全样本统计。数据来源于美国传统基金会（The Heritage Foundation）发布的"中国全球投资追踪"，该数据库详细记录了 2005 年至今中国每笔投资额超过 1 亿美元的大型海外投资项目和工程交易的具体信息。现有文献对中国海外项目投资的研究大多使用商务部公布的宏观数据，根据研究目标，本书将采用更加精准和翔实的项目微观数据，这样更有利于分析项目投资与东道国风险的关系。相比中小型项目，大型项目数据也更具有典型性，中国在"一带一路"共建国家的投资项目绝大多数都超过 1 亿美元，动辄高达几十亿美元，所以可以认为选择投资额在 1 亿美元以上的样本，忽视一小部分中小型项目投资，不会影响对项目投资流向的追踪。

（1）项目投资规模特征。

图 5-1 绘制了 2005～2019 年中国在"一带一路"共建国家大型项目的投资规模。从图中可以看出，2005～2019 年中国对共建国家大型项目的投资规模逐年稳步增长。通过数据整理可以看出，2005～2019 年，中国对共建 56 个国家进行了 1 398 项非金融类的大型海外投资项目，投资金额累计 7 559.70 亿美元，年平均投资项目数量 93 项，年平均投资规模 503.98 亿美元。由图 5-1 还可以看出，2005～2016 年中国对共建国家大型项目的投资规模逐年稳步增长，由于 2016 年中国加大了对非理性对外直接投资的打击与遏制，2017～2019 年投资项目数量有所下降，但整体投资规模还是逐年稳步增长。中国对共建

第5章 东道国风险对中国海外项目投资流向影响的实证分析

国家大型项目的投资数量从2005年的16项增加至2019年的148项，增长了近9.25倍，年平均增长55%；投资金额从2005年的103.10亿美元增至2019年的708.70亿美元，增长了近6.87倍，平均每年增长39.2%。

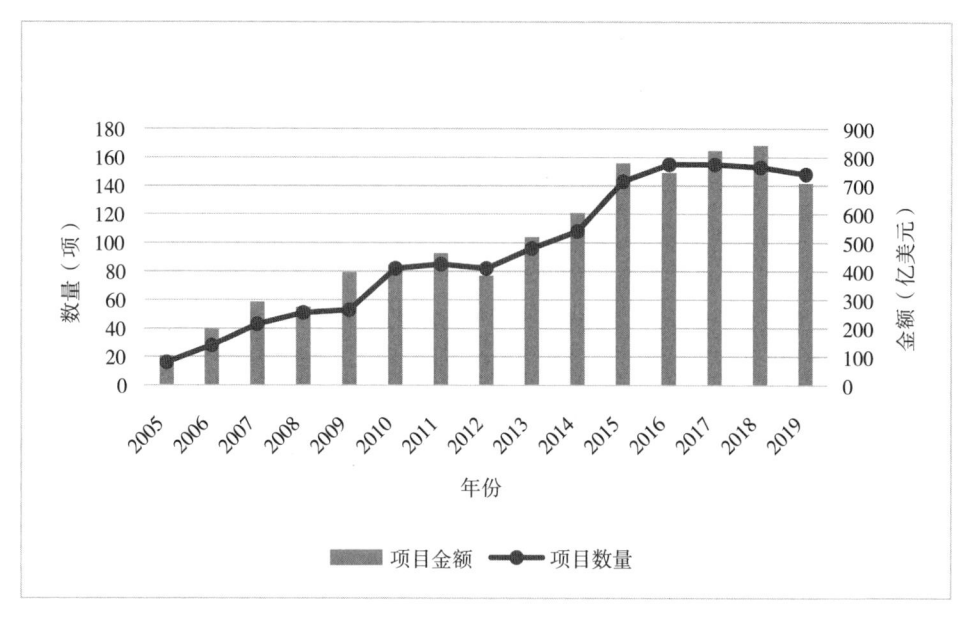

图5-1 2005~2019年中国对"一带一路"共建国家项目投资规模

（2）项目投资国家分布特征。

2005~2019年，中国共对56个"一带一路"共建国家进行了大型项目投资，由于这些国家在经济发展、政治面貌、宗教文化、资源水平、对华关系等方面参差不齐，所以中国在不同地区和国家的投资规模与结构差异较大。由图5-2可知，中国对沿线国家大型项目累计投资额超过100亿美元的国家总计22个，包括巴基斯坦、俄罗斯、印度尼西亚、马来西亚、新加坡、沙特阿拉伯、哈萨克斯坦、阿联酋、印度等国家，其中对巴基斯坦大型项目投资数量84项，累计投资总额561.50亿美元；对俄罗斯大型项目投资数量75项，累计投资金额539.40亿美元；对印度尼西亚大型项目投资数量高达114项，累计投资额517.50亿美元；马来西亚85项，累计投资额445亿美元；新加坡84项，累计投资额419亿美元；沙特阿拉伯69项，累计投资额411.60亿美元。

（3）项目投资行业特征。

从行业类型看，中国对"一带一路"共建国家大型项目投资中能源行业为主导地位，交通、不动产、金属行业投资规模相对较高；化学、公共事业、农业、物流、技术行业投资规模相对较低；娱乐、环境、健康以及涉及教育、轻工业等划分到其他行业中的投资规模比较低。由图5-2可以看出，2005~2019年，中国在共建国家能源行业大型项目投资数量共515项，占大型项目投资总量的36.83%，涉及投资金额3 715.80亿美元，占比49.15%；交通、不动产、金属、化学、公共事业、农业、物流和技术行业大型项目投资数量分别为282项、208项、101项、39项、44项、35项、23项和44项，占比分别为20.30%、14.88%、7.22%、2.79%、3.15%、2.50%、1.65%和3.15%，投资规模分别为1297.40亿美元、717.10亿美元、575.50亿美元、209.20亿美元、182.10亿美元、166.00亿美元、152.10亿美元和151.10亿美元，占比分别为17.16%、9.49%、7.61%、2.77%、2.41%、2.20%、2.01%和2.00%。随着"一带一路"建设的进一步推进和深化，针对共建国家的项目投资在行业结构上也表现出日益丰富的发展趋势，一改以往专注投资能源行业的局面，在保持能源行业作为重点领域的前提下，开始逐步面向交通、不动产、技术、化学、农业等多类型行业进行项目投资。

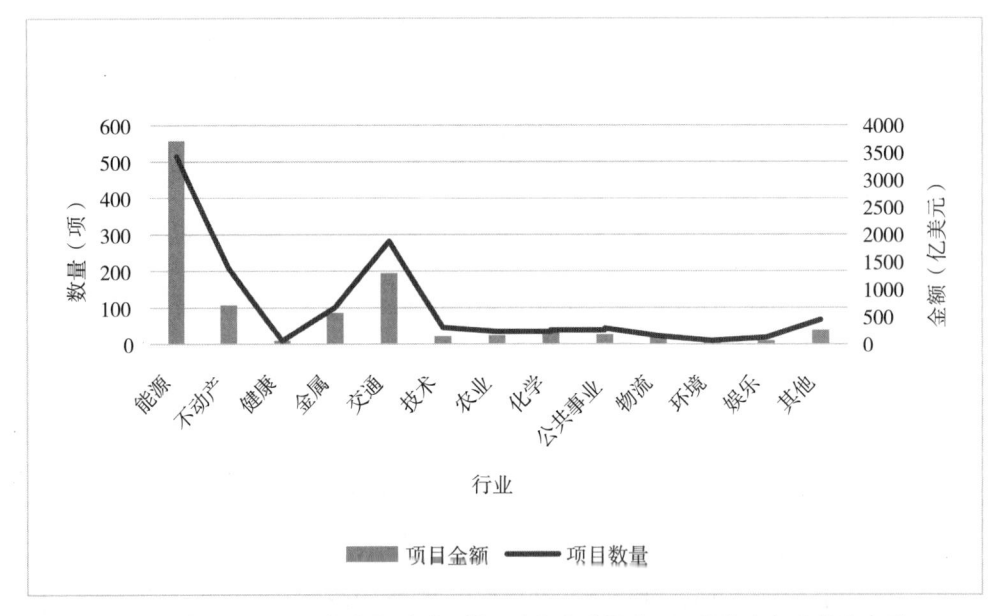

图5-2 2005～2019年中国对"一带一路"共建国家项目投资各行业投资存量

（4）项目投资主体特征。

"一带一路"倡议提出后，大型国有企业一直是对"一带一路"共建国家项目投资的主力军。2005～2019年，在对沿线56个国家的1 398项大型项目投资中，涉及投资主体共306个，其中国有企业207个，占比67.6%，重点项目投资以国有企业为主，且大部分是央企；民营企业101个，占比32.4%，民营企业厚积薄发，在最近几年间发挥的作用和优势也越来越突出，产业投资高端化，企业抱团趋势明显。

5.1.2 东道国风险与"一带一路"项目投资的特征事实

（1）项目投资存量前10国的综合风险变化趋势。

2005～2019年中国在"一带一路"共建国家项目投资存量前10的国家包括巴基斯坦、俄罗斯、印度尼西亚、马来西亚、新加坡、沙特阿拉伯、哈萨克斯坦、阿联酋、印度和伊朗。其中，印度尼西亚的综合风险持续稳定在较高水平，处于高风险投资等级，风险变动也较剧烈。印度、哈萨克斯坦、马来西亚、伊朗、俄罗斯、巴基斯坦处于较高风险投资等级，同时，哈萨克斯坦、伊朗、巴基斯坦综合风险波动幅度较大，分别在2008年、2014

第5章 东道国风险对中国海外项目投资流向影响的实证分析

年、2016年处于较高的风险等级,印度、俄罗斯风险波动性相对较低。新加坡、阿联酋、沙特阿拉伯综合风险指数持续稳定在较低或低水平上,新加坡风险波动性很小,风险等级最低,阿联酋,沙特阿拉伯在2016年以后风险指数有所增大。

(2)项目投资存量前18国的各维度风险排名。

表5-1报告了2005~2019年中国对"一带一路"共建国家大型项目投资金额排名前18位,项目投资存量超过100亿美元的国家与东道国风险数据的匹配情况。由表5-1可知,东道国综合风险排名中,除新加坡、阿联酋、科威特等国综合风险排名靠前,中国对沿线国家大型项目的投资主要流向了巴基斯坦、俄罗斯、印度尼西亚、马来西亚等综合风险排名靠后的国家;在政治风险与社会风险的排名中,也能看出项目投资存量大的国家大多风险排名靠后;在经济风险排名中,并未明显发现中国对沿线国家的项目投资流入了经济风险排名靠后的国家。

表5-1 2005~2019年中国对"一带一路"共建国家项目投资存量前18国的各维度风险排名

序号	国家	项目投资额（百万美元）	综合风险排名	政治风险排名	经济风险排名	社会风险排名
1	巴基斯坦	56 150	24	28	17	36
2	俄罗斯	53 940	23	24	19	37
3	印度尼西亚	51 750	31	33	20	17
4	马来西亚	44 500	20	11	24	12
5	新加坡	41 900	1	1	1	1
6	沙特阿拉伯	41 160	6	22	2	14
7	哈萨克斯坦	35 050	18	19	22	25
8	阿联酋	34 700	2	7	4	6
9	印度	30 670	14	33	12	30
10	伊朗	26 920	22	27	28	29
11	孟加拉国	26 770	32	36	11	26
12	埃及	26 110	25	26	30	32
13	越南	25 800	29	34	9	5
14	伊拉克	23 950	38	38	38	38
15	土耳其	15 530	26	17	32	28
16	斯里兰卡	13 830	13	18	14	22
17	菲律宾	12 400	30	35	8	35
18	科威特	10 650	5	14	6	11

注 风险排名来源于第4章。

5.2 研究设计

5.2.1 模型设定

根据前文特征事实以及第 3 章的机理分析,本章借鉴 Buckley(2007)的做法,综合考虑东道国资源水平、技术水平、市场规模以及双边关系等因素,通过引入如下计量模型检验东道国各维度风险对中国"一带一路"项目投资流向的影响。

$$\ln OFDI_{it}=\alpha+\alpha_1\ln OFDI_{it-1}+\beta_1 Risk_{it}+\beta_2 X_{it}+\varepsilon_{it} \quad (5-1)$$

其中,i 代表国家,t 代表时间,ε_{it} 为随机误差项。针对项目总投资情况,采用大型项目总投资金额作为代理变量,$\ln OFDI_{it}$ 和 $\ln OFDI_{it-1}$ 分别表示中国在东道国 i 第 t 年和 $t-1$ 年的大型项目投资总额的对数。X_{it} 为东道国层面的控制变量,包含资源水平、技术水平、市场规模、双边关系四方面。本期项目投资流向很有可能受到上一期投资额的影响,因此将 $\ln OFDI_{it}$ 及滞后一期 $\ln OFDI_{it-1}$ 作为解释变量加入模型中。

本模型主要关注系数 β_1 的符号,如果为正号,表明中国对"一带一路"共建国家项目投资主要流向了风险高的国家,具有"风险偏好"的特征;如果为负,表明中国对沿线国家的项目投资并未流向风险高的国家,没有表现出"风险偏好"的特征。

5.2.2 变量选择

(1)被解释变量。

$\ln OFDI_{it}$ 表示中国在东道国 i 第 t 年的大型项目投资总额的自然对数,数据来自"中国全球投资追踪"数据库。在实证过程中,为避免异方差带来的影响,对被解释变量取对数处理,因为数据中有一部分为 0,所以将原始数据加 1 后再进行对数化处理。另外,本章在稳健性检验部分采用中国在东道国 i 第 t 年的大型项目投资数量替代投资总额进行检验。

(2)解释变量。

东道国风险 $Risk_{it}$ 表示中国进行"一带一路"项目投资时第 t 年面临的东道国 i 的风险测算值,数据来源于第 4 章测度的东道国风险值,风险数值越大,对应的风险越高,排名越靠后。该变量包括东道国综合风险 $Risk$、政治风险 $Risk1$、经济风险 $Risk2$、社会风险 $Risk3$ 四类。

(3) 控制变量。

为使模型更加稳健，对一些影响中国对"一带一路"共建国家项目投资流向的重要变量进行控制，基于经济理论以及数据的可获得性，本章选择包括资源水平、技术水平、市场规模、双边关系四方面的控制变量。具体而言：

东道国资源水平以 $Resource$ 作为代理变量，$Resource_{it}$ 表示东道国 i 第 t 年的资源水平，参照已有文献，本章采用东道国燃料、金属与矿石出口量占商品出口量的百分比来衡量东道国的资源水平，数值越高，说明东道国的资源越丰富。数据来源于世界银行 WDI。

东道国技术水平以 $Hightech$ 为代理变量，$Hightech_{it}$ 表示东道国 i 第 t 年的技术水平，采用高科技产品出口占制成品出口的百分比来表示，数值越高，说明东道国的技术水平越高。数据来源于世界银行 WDI。

采用 GDP 总量、人均 GDP 增长率两个指标反映东道国的市场规模。变量 GDP_{it} 表示东道国 i 第 t 年的 GDP 总量，GDP 总量不仅可以反映一国的经济规模，而且可以体现其人口规模，能较好的反映东道国的市场购买力容量，数值越大，表明东道国经济规模越大。$Gdprate_{it}$ 表示东道国 i 第 t 年的市场增长潜力，采用人均 GDP 年增长率衡量，数值越大，表明经济发展越快。数据来源于世界银行 WDI。

周伟等（2017）的研究表明是否签署税收协议、双边投资协定是反映东道国与中国之间关系的重要指标。变量 BIT_{it} 表示东道国 i 第 t 年是否签订双边投资协定（BIT），该变量为虚拟变量，1 表示签署，0 表示未签署。变量 TAX_{it} 表示东道国 i 第 t 年是否签订税收协定，该变量为虚拟变量，1 表示签署，0 表示未签署，数据来源于商务部网站。

5.2.3 数据来源

本章数据主要来源于"中国全球投资追踪"数据库、世界银行以及商务部网站。

根据数据的可获得性以及研究目的，模型采用 2005～2019 年"一带一路"共建 38 个国家的面板数据。其中，38 个样本国家为第 4 章风险测度时选定的"一带一路"共建国家，通过匹配后保留 1 208 个观测值，合计 269 个投资主体在"一带一路"共建 38 个样本国家进行的 1 208 项大型项目投资。

5.2.4 描述性统计

为消除异方差，本模型对变量 $OFDI$、$Resource$、$Hightech$、GDP、$Gdprate$ 取对数，相应的描述性统计见表 5-2。从统计结果可以看出，被解释变量项目总投资额，最大值 9.562，最小值 0，标准差 3.509，数值变动较大，说明中国对"一带一路"共建国家项目投资规模存在较大的差异。解释变量东道国综合风险，最大值 13.709，最小值 0.010，均值 2.630，数值波动较大，说明"一带一路"共建国家的综合风险差异较大。其中控制变量，数值变动也都比较大，表明共建各国的经济、技术、资源水平等差异较大，这更有利于从多角度考察东道国各维度风险对中国在沿线国家项目投资的影响。

表5-2 描述性统计

变量	观测数	均值	标准差	最小值	最大值
$\ln OFDI$	570	4.268	3.509	0	9.562
$Risk$	570	2.630	2.640	0.010	13.709
$Risk1$	570	2.632	3.238	0.134	9.275
$Risk2$	570	2.636	3.600	0.161	17.88
$Risk3$	570	2.631	1.198	0.590	7.375
$\ln Resource$	570	0.603	1.763	-9.690	4.343
$\ln Hightech$	570	1.548	1.587	-7.451	3.965
$\ln GDP$	570	25.592	1.308	21.649	28.631
$\ln Gdprate$	570	0.860	1.200	-4.232	4.346
BIT	570	0.763	0.426	0	1
TAX	570	0.868	0.338	0	1

5.2.5 相关性检验

为检验模型是否存在多重共线性，首先对主要解释变量进行 Spearman 相关系数分析，表5-3结果显示相关系数绝大多数不超过0.50，表明解释变量之间相关性小，不存在严重的多重共线性问题，东道国综合风险与其他各维度风险相关系数较高，但是分别放入模型中进行回归，因此各个变量之间不存在严重多重共线问题，满足回归分析的基本要求。

表5-3 变量间的相关系数矩阵

变量	$\ln OFDI$	$Risk$	$Risk1$	$Risk2$	$Risk3$	$\ln Resource$	$\ln Hightech$	$\ln GDP$	$\ln Gdprate$	BIT	TAX
$\ln OFDI$	1.000										
$Risk$	-0.024	1.000									
$Risk1$	0.019	0.669	1.000								
$Risk2$	-0.067	0.834	0.156	1.000							
$Risk3$	0.155	0.329	0.264	0.160	1.000						
$\ln Resource$	-0.053	-0.274	-0.228	-0.202	-0.006	1.000					
$\ln Hightech$	-0.055	-0.206	-0.105	-0.177	-0.112	0.273	1.000				
$\ln GDP$	0.349	0.131	0.090	0.094	0.154	-0.066	0.172	1.000			
$\ln Gdprate$	-0.019	-0.013	0.047	-0.062	0.119	0.120	0.014	-0.080	1.000		
BIT	-0.020	-0.045	-0.290	0.164	-0.178	0.096	0.212	0.185	-0.017	1.000	
TAX	0.085	-0.066	0.212	-0.256	0.143	0.193	0.367	0.222	0.049	0.149	1.000

5.3 实证结果分析

影响"一带一路"项目投资的因素很多，可能存在遗漏变量引起的内生性问题。此外，模型中的核心解释变量东道国风险与中国"一带一路"项目投资存在一定程度的双向因果关系，对东道国进行项目投资会增加两国之间的政治沟通、经济往来、文化交流，从而可能影响东道国风险。为了克服普通面板回归引起的估计偏误，依据 Blundell 和 Bond (2000) 的研究，系统 GMM 方法能有效解决动态面板的内生性问题，故本章采用系统 GMM 方法进行估计，并选择对所有解释变量取滞后一期作为工具变量进行回归。

5.3.1 基准回归结果分析

表 5-4 报告了基准回归结果，AR（2）的检验结果显示扰动项之间不存在二阶自相关，证明模型符合 GMM 方法的使用条件，模型设定有效。Sargan 检验结果均大于 10%，证明所选工具变量是有效的。实证结果显示：核心解释变量东道国综合风险 Risk 的估计系数在列（1）和列（2）均通过了 1% 的显著性检验，表明东道国综合风险是影响中国"一带一路"项目投资的重要因素，估计系数为正值，表明东道国综合风险值与"一带一路"项目投资额正相关，即东道国综合风险越高，中国对"一带一路"共建国家的项目投资规模越大，也就意味着东道国综合风险没有阻碍中国对沿线国家的项目投资，中国对沿线国家的项目投资主要流入了高风险的国家，表现出"风险偏好"的特征。这一结论与前文表 5-1 匹配数据的结论一致。

东道国政治风险、经济风险、社会风险与中国对"一带一路"共建国家项目投资的相关系数估计见表 5-4 中的列（3）～（5）。回归结果显示：东道国政治风险 $Risk1$ 的估计系数在 1% 的置信水平上显著为正，经济风险 $Risk2$、社会风险 $Risk3$ 的估计系数在 10% 的置信区间显著为正，表明东道国政治风险、经济风险、社会风险也是影响中国对"一带一路"共建国家项目投资的重要因素，较高的东道国政治、经济、社会风险并没有阻碍中国对共建国家进行项目投资，中国对"一带一路"共建国家的项目投资表现出各维度"风险偏好"的特征。这一结论与前文表 5-1 的数据基本一致。

出现这种"风险偏好"现象的原因可能有以下几方面：

（1）"一带一路"重点项目投资以国有企业为主，且大部分是央企，与民营企业相比，国有企业对"一带一路"共建国家的项目投资可能更加注重项目的长期经济效益或某种战略意义，不会因为东道国较高的风险就减少投资，同时国有企业肩负着"一带一路"建设的深入推进以及高质量发展的重任。因此，国有企业的"非市场动机"有可能在沿线国家的项目投资中更加包容东道国风险，抗风险能力更强。

（2）中国企业在风险偏高的东道国可能具有特定优势，比如风险较高的东道国可能会赋予中国企业税收优惠、降低贸易壁垒等特殊投资政策。

（3）能源行业作为"一带一路"项目投资的绝对主力，中国企业为了获取自然资源也可能会更加容忍东道国的高风险。

（4）对于大型基础设施项目的投资，中国企业大多为投资的后来者，对风险较高的国家投资也可能是一种退而求其次的选择。

（5）"一带一路"倡议为中国企业"走出去"提供了指导思想、政策支持、金融保障、税收优惠、咨询服务、帮扶机构等全方位推动举措，一方面加强了中国企业对外投资的竞争优势，另一方面弥补了东道国制度不完善的劣势，中国企业在风险较高的东道国具有母国特定优势。这些原因有待于进一步实证检验。

控制变量的估计系数在列（2）~（5）中报告，东道国资源水平变量 $Resource$ 的估计系数为正且通过了1%的显著性检验，表明东道国的资源水平是吸引中国进行"一带一路"项目投资的重要因素。东道国的资源越丰富，中国对沿线国家的项目投资规模越大，这一结论与已有研究结论一致。这也说明"一带一路"共建国家丰富的自然资源给中国提供了特殊的"区位优势"。东道国的技术水平 $Hightech$ 估计系数不显著，表明东道国的技术水平不是吸引中国对"一带一路"共建国家进行项目投资的主要影响因素，这一结论与现实经济现象相符，沿线国家普遍技术水平不高，中国对沿线国家的项目投资也不是出于技术寻求。东道国 GDP 总量的估计系数在1%的置信水平上显著为正，表明"一带一路"共建国家的市场规模越大，中国的项目投资规模越大，这一结论与现实经济情况相符。中国有寻求东道国市场规模的需求，中国对共建国家的项目投资，以能源行业为重点，大多是基础设施项目，东道国的市场规模是很重要的影响因素。人均GDP增长率 $Gdprate$ 估计系数不显著，表明东道国的经济发展水平并不是影响中国进行"一带一路"项目投资的主要影响因素。这一结论也体现了"一带一路"共建国家经济水平不高但没有阻碍中国的投资热情。双边投资协定 BIT 的估计系数在1%的置信水平上显著为正，表明双边投资协定的签署有助于中国对"一带一路"共建国家的项目投资。税收协议 TAX 的估计系数在列（2）10%置信区间显著为正，列（5）5%的置信区间显著为正，说明税收协议的签署能够促进中国对"一带一路"共建国家的项目投资。反映对华关系的双边投资协定与税收协定估计系数在各维度风险回归中大多显著为正，也进一步说明良好的对华关系有助于中国对"一带一路"共建国家的项目投资。控制变量估计系数的显著性和影响方向与经济现实和相关研究基本一致。

表5-4 基准回归结果

变量	（1）	（2）	（3）	（4）	（5）
$Risk$	0.222***	0.443***			
	[3.134]	[3.147]			
$Risk1$			2.362***		

续表

变量	(1)	(2)	(3)	(4)	(5)
			[4.380]		
$Risk2$				0.099*	
				[1.693]	
$Risk3$					0.667*
					[1.759]
$\ln OFDI$		0.275***	0.418***	0.395***	0.370***
		[5.052]	[6.059]	[3.049]	[3.059]
$\ln Resource$		0.690***	0.436***	0.559***	0.884***
		[4.463]	[4.586]	[3.793]	[3.870]
$\ln Hightech$		0.1603	0.205	−0.317*	0.171
		[0.257]	[0.411]	[−1.768]	[0.259]
$\ln GDP$		1.237***	1.057***	1.324***	1.055**
		[4.379]	[3.297]	[4.300]	[2.501]
$\ln Gdprate$		0.379	0.217	0.123	0.097
		[0.291]	[0.158]	[0.156]	[0.108]
BIT		2.273***	12.094***	1.479**	1.749**
		[2.702]	[7.669]	[2.095]	[2.429]
TAX		2.339*	0.134	0.373	0.669**
		[1.843]	[1.377]	[1.372]	[2.244]
_cons	2.526***	−29.367***	−39.366***	−32.073***	−26.153***
	[20.280]	[−9.255]	[−14.002]	[−8.236]	[−13.979]
N	570	570	570	570	570
AR(1)		0.000	0.000	0.000	0.000
AR(2)		0.564	0.303	0.378	0.334
Sargan		0.186	0.348	0.226	0.833

注 括号内为 t 值；***、**和*分别代表1%、5%和10%的显著性水平。

5.3.2 稳健性检验

(1) 替换估计方法。

为进一步检验结论的稳健性，本章首先通过更换估计方法进行重新回归。中国对"一带一路"共建国家项目投资的流出规模在区位分布上差异较大，使用分位数回归模型能够呈现不同分位点上"一带一路"项目投资影响因素的差异化。因此借鉴杨娇辉等（2016）的做法，采用分位数回归并选择了 25%、50%、75% 这 3 个分位点，分别代表低、中、高的项目投资规模水平，表 5-5 列（1）~（3）报告了分位数回归结果，可以发现核心解释变量东道国综合风险 $Risk$ 的估计系数在显著性和影响方向上均与基准回归结果一致，前文结论依旧稳健。列（4）报告了 GLS 模型的回归结果，结果显示东道国综合风险 $Risk$ 的估计系数在置信水平 1% 区间显著为正，与基准回归结果一致，表明前文得出的结论稳健。

表 5-5 替换估计方法回归结果

变量	分位数回归 （0.25 分位点） （1）	分位数回归 （0.5 分位点） （2）	分位数回归 （0.75 分位点） （3）	GLS （4）
$Risk$	0.102***	0.120**	0.106**	0.017***
	[3.001]	[2.057]	[2.048]	[4.008]
$lnResource$	−0.042	−0.064	−0.056	0.025
	[−0.148]	[−0.217]	[−0.143]	[0.055]
$lnHightech$	0.102	0.149	0.162	0.012
	[0.113]	[0.166]	[0.109]	[0.042]
$lnGdprate$	0.110	0.156	0.289**	0.106**
	[0.192]	[0.208]	[2.138]	[2.062]
$lnGDP$	0.547***	0.739***	0.721***	0.283***
	[3.134]	[4.197]	[3.130]	[3.050]
BIT	0.026**	0.316	0.265	−0.042
	[1.922]	[0.619]	[0.409]	[−0.156]
TAX	−0.146	−0.240	0.149	0.084
	[−0.601]	[−0.896]	[0.592]	[0.225]
_cons	−9.719***	−15.643***	−16.253***	−0.568**
	[−3.309]	[−4.854]	[−3.204]	[−2.221]
N	570	570	570	570

注　括号内为 t 值；***、**、* 分别代表 1%、5%、10% 的显著性水平。

(2) 替换被解释变量。

为进一步验证结论的可靠性，本章再次通过替换被解释变量进行重新回归。替换被解释变量将采用中国在东道国 i 第 t 年的大型项目投资数量替代原有项目投资额，数据来源于"中国全球投资追踪"数据库。具体回归结果见表 5-6，列（1）和列（2）回归结果显示：解释变量东道国综合风险 $Risk$ 的估计系数在置信水平 1% 时显著且为正，与基准回归结果一致。东道国政治风险、经济风险、社会风险的估计系数在 10% 的置信水平显著为正，与基准回归结果基本一致，控制变量估计系数与基准回归相比未表现出明显变化，说明前文结果稳健。

表 5-6 替换被解释变量回归结果

变量	(1)	(2)	(3)	(4)	(5)
$Risk$	0.199***	0.372***			
	[4.032]	[2.612]			
$Risk1$			3.100*		
			[1.669]		
$Risk2$				0.022*	
				[1.669]	
$Risk3$					0.319*
					[1.741]
$\ln OFDI$		0.635***	0.598***	0.576***	0.585***
		[5.019]	[4.056]	[4.029]	[3.028]
$\ln Resource$		0.102**	0.447**	−0.198	−0.396
		[2.164]	[2.671]	[−0.369]	[−0.374]
$\ln Hightech$		−0.057	0.435	−0.088	−0.104
		[−0.135]	[0.387]	[−0.089]	[−0.088]
$\ln GDP$		0.345*	0.475***	0.547***	0.600***
		[1.700]	[3.131]	[3.108]	[3.124]
$\ln Gdprate$		0.157	0.104**	0.066	0.074
		[0.097]	[2.046]	[0.047]	[0.050]
BIT		2.976*	13.028***	−0.523	−0.254
		[1.861]	[8.350]	[−0.750]	[−0.737]
TAX		6.054***	2.632**	3.171*	2.647**
		[4.163]	[1.961]	[1.659]	[2.267]
_cons	0.2537**	−6.178***	−29.378***	−15.226***	−16.956***
	[2.123]	[−9.483]	[−12.055]	[−3.001]	[−3.772]
N	570	570	570	570	570
AR(1)		0.000	0.000	0.000	0.000
AR(2)		0.880	0.735	0.971	0.925
Sargan		0.126	0.377	0.133	0.123

注 括号内为 t 值；***、**、* 分别代表 1%、5%、10%的显著性水平。

5.3.3　内生性问题处理

对于东道国风险与"一带一路"项目投资可能存在的反向因果所导致的估计结果偏差，为了研究的严谨性，本章将进一步处理潜在的内生性问题。借鉴协天紫光（2020）的做法，采用两阶段最小二乘法（2SLS）重新进行回归估计，并以东道国各维度风险的滞后一期作为工具变量。第一阶段的回归结果均显示 F 值大于 10，表明弱工具变量的问题较小。表 5-7 报告了第二阶段的回归结果，由回归结果可以看出，解释变量的相关估计系数与基准回归相比，在显著性和方向上都未发生明显变化，说明进一步考虑了内生性问题后，前文结论依旧稳健。

表 5-7　2SLS 第二阶段回归结果

变量	(2)	(3)	(4)	(5)
$Risk$	0.402*** [2.912]			
$Risk1$		2.801** [1.961]		
$Risk2$			0.102* [1.709]	
$Risk3$				0.219* [1.724]
$lnOFDI$	0.234*** [3.065]	0.295*** [4.023]	0.376*** [3.022]	0.389*** [3.108]
$lnResource$	0.398*** [2.964]	0.423*** [2.687]	0.364** [2.069]	0.387** [2.004]
$lnHightech$	0.133 [0.935]	0.505 [0.787]	−0.088 [−0.189]	0.187 [−0.228]
$lnGDP$	0.543** [1.990]	0.367*** [3.034]	0.743*** [3.898]	0.453*** [3.674]
$lnGdprate$	0.157 [0.097]	0.104** [2.046]	0.066 [0.047]	0.074 [0.050]
BIT	3.789** [2.861]	9.028*** [5.400]	0.590 [0.950]	0.278 [0.732]
TAX	4.089*** [3.167]	3.378** [3.978]	2.789* [1.678]	2.689** [2.786]

续表

变量	(2)	(3)	(4)	(5)
_cons	−5.378***	−19.378***	−10.324***	−12.890***
	[−8.367]	[−9.095]	[−4.001]	[−5.890]
N	570	570	570	570
R^2	0.361	0.401	0.384	0.359

注 括号内为 t 值；***、**、* 分别代表1%、5%、10%的显著性水平。

5.4 "一带一路"项目投资"风险偏好"原因的进一步讨论

5.4.1 行业差异化影响的检验

中国对"一带一路"共建国家的项目投资中，能源行业占绝对的主导地位。能源行业相比其他行业是否具有相同的"风险偏好"特征？能源行业作为敏感行业是否更加包容东道国各维度的风险。为了验证以上推断，本章将对中国在"一带一路"共建国家投资的项目类型分为能源行业与非能源行业两部分，分别进行回归分析。

表5-8报告了回归结果，列（1）～（4）为能源行业的回归结果，列（5）～（8）为非能源行业的回归结果。由表5-8可以看出，能源行业的回归结果中东道国综合风险 $Risk$、政治风险 $Risk1$ 的估计系数均在1%的置信水平上显著为正，经济风险 $Risk2$ 的估计系数在10%的置信水平上显著为正，社会风险 $Risk3$ 的估计系数在5%的置信水平上显著为正。非能源行业回归结果显示：东道国的综合风险 $Risk$ 的估计系数在1%的置信区间显著为正，政治风险 $Risk1$ 的估计系数在5%的置信区间显著为正，经济风险 $Risk2$ 与社会风险 $Risk3$ 的估计系数不显著。与非能源行业项目相比，能源行业在东道国综合风险和政治风险的估计系数都要比非能源行业的估计系数绝对值大，说明中国在"一带一路"共建国家的能源项目投资更倾向于流入风险高的国家。这一结论与已有研究和现实经济情况不谋而合，表明中国对共建国家的能源项目投资具有明显的"风险偏好"特征，且各维度风险估计系数都显著为正。前文的特征事实显示，能源行业投资金额最高，数量最大，投资主体以大型国有企业为主。由图5-7可以看出，能源行业的投资额2005～2009年逐年增加，直到2009年达到一个峰值，2009～2012年逐年下降，从2013年开始，投资金额大幅增加，到2016年达到第二个峰值，2016～2019年有明显下降的趋势。其中有两个重要的时间点，2013年中国正式提出"一带一路"倡议，2016年中国加大了对非理性对外直

接投资的打击与遏制，能源行业的投资动态一方面反映其投资行为更容易受政治因素影响的"非市场动机"。另一方面，"一带一路"共建自然资源丰富的国家恰好风险也高，比如巴基斯坦、俄罗斯、印度尼西亚等国资源丰富，综合风险以及政治风险都很高，这也是"一带一路"共建国家的特殊"区位优势"，中国企业为了追求长期经济效益或战略意义的"市场动机"更容易包容东道国的高风险。因此，研究期内中国对"一带一路"共建国家的能源项目投资具有明显的"风险偏好"具有一定的合理性，但随着"一带一路"建设的高质量发展，这种现象可能会改变，能源行业的投资也会越来越理性。

在控制变量中，东道国资源水平 Resource 的估计系数，能源行业与非能源行业有较大差异，列（1）和列（2）能源行业的资源水平估计系数在1%的置信水平上显著为正，表明东道国的资源水平对中国在"一带一路"共建国家进行能源项目投资时具有很强的吸引力，尤其是在东道国风险以及政治风险偏高的情况下，往往更加包容东道国的高风险。列（5）非能源行业的东道国资源水平估计系数在5%的置信水平显著为负，表明资源水平越高，中国对其非能源行业的项目投资越少。分类风险估计系数不显著，表明东道国资源水平不是中国非能源行业项目投资考虑的因素。东道国 GDP 总量的估计系数在分行业回归中，差异不大，表明"一带一路"共建国家的市场规模越大，中国的项目投资规模越大。在对华关系的估计系数中，能源行业与非能源行业差异不大，大部分的估计系数都显著为正，表明其对华关系越友好，中国的项目投资规模越大。控制变量系数的显著性和影响方向与经济现实和相关研究基本一致。

表5-8 能源、非能源行业分类回归结果

变量	能源行业				非能源行业			
	（1）	（2）	（3）	（4）	（5）	（6）	（7）	（8）
$Risk$	0.295***				0.139***			
	[3.165]				[3.155]			
$Risk1$		0.913***				0.907**		
		[2.986]				[2.450]		
$Risk2$			0.192*				0.040	
			[1.614]				[0.139]	
$Risk3$				1.135**				0.611
				[2.057]				[0.505]
$\ln OFDI$	0.171***	0.221***	0.195***	0.201***	0.265***	0.255***	0.264***	0.312***
	[4.058]	[3.072]	[4.030]	[6.027]	[5.037]	[4.061]	[4.054]	[3.039]
$\ln Resource$	0.844***	3.722***	−0.306	0.868	−1.187**	−0.680	−0.047	0.386
	[3.523]	[2.681]	[−0.817]	[1.168]	[−2.526]	[−1.026]	[−0.452]	[0.968]
$\ln Hightech$	−0.436	−0.752	−0.543	−0.484	0.292	0.652	−0.072	−0.346
	[−0.233]	[−0.325]	[−0.462]	[−0.527]	[0.321]	[0.562]	[−0.244]	[−0.300]

续表

变量	能源行业				非能源行业			
	(1)	(2)	(3)	(4)	(5)	(6)	(7)	(8)
$\ln GDP$	0.497*	0.491	1.183***	0.685**	0.926***	1.493***	1.126***	0.776**
	[1.695]	[0.306]	[3.400]	[2.346]	[3.355]	[4.410]	[3.388]	[2.421]
$\ln Gdprate$	-0.149	0.501***	0.080	0.045	-0.003	-0.169	-0.098	-0.061
	[-0.153]	[4.149]	[0.113]	[0.131]	[-0.110]	[-0.172]	[-0.086]	[-0.092]
BIT	1.174*	2.029***	4.299***	2.103***	2.440*	6.561***	-0.568	1.889***
	[1.699]	[3.501]	[2.889]	[7.382]	[1.775]	[5.721]	[-1.412]	[4.305]
TAX	2.614***	8.724***	0.103***	3.114***	1.146***	2.399**	0.655***	0.642***
	[2.872]	[3.968]	[3.558]	[10.057]	[3.192]	[2.495]	[3.431]	[5.460]
_cons	8.111***	8.014***	24.062***	22.629***	21.998***	45.289***	25.188***	17.840***
	[6.419]	[9.210]	[11.617]	[22.874]	[9.705]	[13.014]	[9.953]	[16.954]
N	570	570	570	570	570	570	570	570
AR (1)	0.000	0.000	0.000	0.000	0.000	0.000	0.000	0.000
AR (2)	0.619	0.497	0.482	0.511	0.646	0.605	0.614	0.537
Sargan	0.180	0.113	0.144	0.184	0.193	0.438	0.172	0.160

注 括号内为 t 值；***、**和*分别代表1%、5%和10%的显著性水平。

5.4.2 投资主体所有制差异化影响的检验

与民营企业相比，国有企业的"非市场动机"有可能在对"一带一路"共建国家的项目投资中更加包容东道国风险。为了检验以上推断，本章将根据投资主体所有制属性的不同，将中国对共建国家的项目投资分为国有企业和非国有企业两部分，分别进行回归分析。

表5-9报告了回归结果，列（1）～（4）为国有企业的回归结果，列（5）～（8）为非国有企业的回归结果。由回归结果可以看出，国有企业回归结果中东道国综合风险$Risk$、政治风险$Risk1$的估计系数均在1%的置信水平上显著为正，经济风险$Risk2$的估计系数在10%的置信水平上显著为正，社会风险$Risk3$的估计系数在5%的置信水平上显著为正。非国有企业回归中东道国综合风险、政治风险和社会风险的估计系数在1%的置信区间显著为正，经济风险$Risk2$的估计系数不显著且为负。国有企业在东道国综合风险、政治风险和社会风险的估计系数都要比非国有企业的估计系数绝对值大，这表明国有企业对"一带一路"共建国家的项目投资更容易流入到风险高的国家。相比非国有企业，国有企业在风险高的东道国可能更容易获得自身的"比较优势"，比如更容易达到行业准入条件，获得税收优惠，突破贸易壁垒，对于一些基础设施较差的东道国，更有可能给国

有企业提供便利的投资条件,加上国家政策的推动以及保险行业提供给国有企业更多有保障的保险服务,国有企业对"一带一路"共建国家有很高的"风险容忍度"。因此,在研究期内国有企业"风险偏好"的特征更明显且具有一定的合理性。

与国有企业相比,非国有企业经济风险的估计系数虽不显著但变为负值,这表明东道国的经济风险对非国有企业的"一带一路"项目投资起到了阻碍的作用。对非国有企业来讲,东道国综合风险、政治风险、社会风险估计系数的绝对值和显著性都要比国有企业小,这也进一步表明非国有企业表现出的"风险偏好"特征跟国有企业是不一样的。在对"一带一路"共建国家的项目投资中,民营企业家可能更加关注东道国的经济风险带来的损失,不会单纯为了资源或者市场等因素而包容东道国的风险,他们可能更加关注东道国的经济基础是否适合投资,企业能否盈利,社会环境是否安定,企业能否安全、持续运营。根据回归结果表现出的东道国综合风险、政治风险和社会风险的"风险偏好"特征可能有以下解释:东道国风险是动态变化的,很多项目是投资协定达成之后,开始实施的过程中东道国风险才得以显现。比如很多项目在实施过程中遭遇了民众抗议、环保不合格等社会风险,由社会风险为导火索引发的对华政策变化最终引发政治风险,东道国综合风险也随之升高。因此,非国有企业的"风险偏好"现象很有可能是项目实施过程中东道国风险升高的显现,并非真正意义上的"风险偏好"。

在控制变量中,与国有企业相比,非国有企业的资源水平 $Resource$ 的估计系数在列(5)~(7)中变得不显著,GDP 总量估计系数变得不显著,人均 GDP 增速 $Gdprate$ 的估计系数在10%的置信区间显著为正,这表明非国有企业对"一带一路"共建国家的项目投资不是以资源寻求和市场寻求为主,反而比较关注东道国的经济发展水平,经济发展水平高的东道国更能够吸引非国有企业的项目投资。国有企业的资源水平估计系数在1%或者5%的置信区间显著为正,GDP 总量估计系数在10%或1%的置信区间显著为正,人均 GDP 增速 $Gdprate$ 的估计系数不显著且为负,这表明国有企业在"一带一路"共建国家的项目投资大多分布在资源丰富、市场规模大、经济水平低的国家。其余控制变量的估计系数无论是国有企业还是非国有企业都同基准回归差异不大。

表 5-9 国有企业、非国有企业分类回归结果

变量	国有企业				非国有企业			
	(1)	(2)	(3)	(4)	(5)	(6)	(7)	(8)
$Risk$	0.305***				0.147*			
	[3.009]				[2.655]			
$Risk1$		2.013***				1.807**		
		[3.906]				[2.050]		
$Risk2$			0.102*				−0.068	
			[1.704]				[−0.198]	
$Risk3$				0.935**				0.491*
				[2.057]				[0.605]

续表

变量	国有企业				非国有企业			
	(1)	(2)	(3)	(4)	(5)	(6)	(7)	(8)
lnOFDI	0.145***	0.123***	0.108***	0.211*	0.108***	0.255***	0.211*	0.312***
	[4.008]	[2.931]	[3.008]	[1.708]	[3.008]	[4.061]	[1.708]	[3.039]
lnResource	0.844***	2.305***	1.189**	0.033**	1.189*	−0.680	0.033	0.386
	[3.523]	[3.817]	[2.526]	[3.452]	[1.726]	[−1.026]	[0.452]	[0.968]
lnHightech	−0.346	−0.928	0.288	−0.065	0.288	0.652	−0.065	−0.346
	[−0.233]	[−0.462]	[0.321]	[−0.244]	[0.321]	[0.562]	[−0.244]	[0.300]
lnGDP	0.677*	1.124***	0.664***	1.108***	0.664	1.493	1.108	0.776
	[1.695]	[3.400]	[3.355]	[3.388]	[0.355]	[0.410]	[0.388]	[0.421]
lnGdprate	−0.009	0.067	−0.003	−0.099	0.003*	0.169*	0.099*	0.061*
	[−0.153]	[0.113]	[−0.110]	[−0.086]	[1.710]	[1.872]	[1.686]	[1.692]
BIT	1.008	4.339***	2.789*	−0.890	2.789*	6.561***	−0.890	1.889***
	[1.099]	[2.889]	[1.775]	[−1.412]	[1.775]	[5.721]	[−1.412]	[4.305]
TAX	2.004***	3.113***	1.101**	0.633***	1.101**	2.399**	0.633***	0.642***
	[2.678]	[5.578]	[2.092]	[3.031]	[2.092]	[2.495]	[3.031]	[5.460]
_cons	−6.899***	23.003***	21.008***	23.108***	21.008***	45.289***	23.108***	17.840***
	[−8.409]	[28.617]	[18.705]	[8.953]	[18.705]	[13.014]	[8.953]	[16.954]
N	570	570	570	570	570	570	570	570
AR(1)	0.000	0.000	0.000	0.000	0.000	0.000	0.000	0.000
AR(2)	0.619	0.497	0.482	0.511	0.646	0.605	0.614	0.537
Sargan	0.180	0.113	0.144	0.184	0.193	0.438	0.172	0.160

注　括号内为 t 值；***、**和*分别代表1％、5％和10％的显著性水平。

5.4.3 "一带一路"倡议调节效应的检验

中国对"一带一路"沿线国家项目投资表现出的"风险偏好"特征，有没有受"一带一路"倡议的影响？为进一步探讨"一带一路"倡议对东道国风险与中国"一带一路"项目投资流向的调节效应，本章引入东道国风险与"一带一路"倡议的交互项，设定如下模型：

$$\ln OFDI_{it} = \alpha + \alpha_1 \ln OFDI_{it-1} + \beta_1 Risk_{it} + \beta_2 Risk_{it} \times BRI_{it} + \beta_3 BRI_{it} + \gamma_1 X_{it} + \varepsilon_{it} \quad (5-2)$$

式中 BRI_{it} 表示东道国 i 在第 t 年是否受到"一带一路"倡议的影响，"一带一路"倡议是2013年10月提出的，因此对于"一带一路"共建国家而言，当 t 大于或等于2014年，取值为1，否则为0。$Risk_{it} \times BRI_{it}$ 为东道国各维度风险与"一带一路"倡议的交互项。其余符号含义与前文相同。

表5-10报告了回归结果。由回归结果可以看出,"一带一路"倡议的估计系数均显著为正,表明"一带一路"倡议显著促进了中国对共建国家的项目投资。"一带一路"倡议与东道国综合风险交互项$Risk \times BRI$的估计系数在5%的置信水平上显著为负,与政治风险交互项$Risk1 \times BRI$的估计系数在1%的置信水平上显著为负,与社会风险交互项估计系数$Risk3 \times BRI$在10%的置信水平上显著为负,表明"一带一路"倡议对东道国的综合风险、政治风险、社会风险影响"一带一路"项目投资流向表现为显著的干扰作用,"一带一路"倡议削弱了中国对共建国家项目投资的东道国"风险偏好"特征,对"政治风险偏好"的影响最为显著。"一带一路"倡议与经济风险交互项$Risk2 \times BRI$的估计系数不显著,表明"一带一路"倡议对东道国经济风险与"一带一路"项目投资的关系不具有明显的调节作用。由此可见,"一带一路"倡议作为"国家特定优势"的体现,不仅对中国企业开展"一带一路"项目投资起到了促进作用,还起到了对"风险偏好"的调节作用,这也进一步表明了"一带一路"倡议对促进中国企业到风险较高的共建国家进行项目投资提供了一种制度性保护。但其在东道国不同维度的风险调节中效果不同,对东道国综合风险、政治风险、社会风险调节效应显著,对经济风险不显著。这可能是因为"一带一路"倡议的"五通"合作模式中,政策沟通、民心相通已经起到了缓解东道国政治风险和社会风险的作用,但资金融通、贸易畅通等机制还未明显起到缓解东道国经济风险的作用。

表5-10 "一带一路"倡议调节效应回归结果

变量	(1)	(2)	(3)	(4)
$Risk$	0.198*** [3.087]			
$Risk1$		2.089*** [3.001]		
$Risk2$			0.176 [1.480]	
$Risk3$				0.378* [1.732]
BRI	0.265*** [2.691]	0.534*** [2.901]	0.311** [1.991]	0.198*** [2.746]
$Risk \times BRI$	−1.325** [−1.970]			
$Risk1 \times BRI$		−2.279*** [−3.976]		
$Risk2 \times BRI$			0.658 [1.004]	
$Risk3 \times BRI$				−0.475* [−1.754]

续表

变量	(1)	(2)	(3)	(4)
$\ln OFDI$	0.197***	0.201***	0.278***	0.209***
	[2.702]	[2.911]	[4.788]	[2.904]
$\ln Resource$	1.722***	2.008***	0.978***	0.386**
	[2.681]	[3.168]	[3.026]	[2.068]
$\ln Hightech$	−0.567	−0.398	0.611	−0.366
	[−0.325]	[−0.527]	[0.562]	[−0.300]
$\ln GDP$	0.690	0.489**	1.544***	0.996**
	[0.306]	[2.346]	[4.410]	[2.421]
$\ln Gdprate$	−0.309***	0.088	−0.278	−0.075
	[−4.149]	[0.131]	[−0.172]	[−0.092]
BIT	2.011***	2.678***	2.501***	1.006***
	[3.501]	[5.382]	[3.721]	[4.305]
TAX	1.084***	3.890***	2.367**	0.547***
	[2.778]	[6.051]	[2.005]	[4.461]
_cons	−6.898***	22.789***	25.209***	19.008***
	[−8.210]	[23.874]	[14.014]	[18.954]
N	570	570	570	570
AR（1）	0.000	0.000	0.000	0.000
AR（2）	0.204	0.197	0.665	0.356
Sargan	0.386	0.426	0.401	0.433

注　括号内为 t 值；***、**、* 分别代表 1%、5%、10%的显著性水平。

5.5　本章小结

本章首先对中国在"一带一路"共建国家项目投资的特征事实进行统计整理，并通过第 4 章测度的东道国风险数据，初步揭示了"一带一路"项目投资的风险流向，在特征事实和第 3 章机理分析的基础上引入计量模型，采用系统 GMM 动态面板回归检验了东道国各维度风险对中国"一带一路"项目投资流向的影响，最后通过实证解析了"一带一路"项目投资"风险偏好"特征的原因，主要结论包括：

（1）中国对"一带一路"共建国家项目投资规模逐年稳步增长，能源行业占主导地位，大型国有企业是投资的主力军。通过匹配东道国各维度风险与已发生的大型项目数据发现，中国对共建国家大型项目的投资主要流向巴基斯坦、俄罗斯、印度尼西亚、哈萨克斯坦等风险排名靠后的国家。

(2) 实证结果显示：中国对"一带一路"共建国家的项目投资主要流入了风险高的国家，表现出"风险偏好"的特征，较高的东道国综合风险、政治风险、经济风险和社会风险都没有阻碍中国对共建国家项目投资的热情。东道国的资源水平、市场规模以及对华关系也是影响"一带一路"项目投资的主要考虑因素。丰富的自然资源、较大的市场规模以及良好的双边关系都是中国对共建国家项目投资的有利因素。

(3) 通过对能源行业与非能源行业、国有企业与非国有企业的分类回归以及"一带一路"倡议的调节效应分析后发现，中国对"一带一路"共建国家项目投资"风险偏好"的原因有以下几点：第一，与非能源行业比较，能源行业的"风险偏好"更明显，主要是由于能源项目投资对共建国家有强烈的资源追求动机，"一带一路"共建国家恰好给能源行业提供了更为显著的"区位优势"，比如自然资源丰富、地理位置近、市场规模大，但"区位优势"的背后是政治环境复杂、经济水平低、社会环境不稳定等较高的风险因素，因此"风险偏好"的现象背后往往是对特殊"区位优势"与"风险包容度"的平衡；第二，国有企业"风险偏好"的原因在于企业的"自身特定优势"，国有企业往往能在风险高的东道国获得非市场资源的"比较优势"；第三，通过对"一带一路"倡议调节作用检验发现，"一带一路"倡议作为"国家特定优势"以及制度性保护的体现，不仅对中国企业开展"一带一路"项目投资起到了促进作用，还起到了缓解"风险偏好"的调节作用。

第 6 章

东道国风险对中国海外项目投资成效影响的实证分析

中国对"一带一路"共建国家项目投资的顺利实施是"一带一路"高质量建设的关键，国内外学者研究发现，企业在进行海外项目投资时往往会选择风险较低的国家以此来减少项目投资失败的现象。但中国企业对"一带一路"共建国家的项目投资表现出"风险偏好"的特征，第 5 章也通过实证检验了东道国风险对"一带一路"项目投资流向的影响以及产生"风险偏好"的原因，这也就意味着中国对共建国家的项目投资大多集中在风险偏高的国家。因此，进一步探寻东道国风险对中国"一带一路"项目投资成效的影响机理以及两者关系之间的调节机制是十分必要的。

基于此，本章将以"一带一路"大型失败项目为起点，首先对中国在"一带一路"共建国家项目投资失败的特征事实进行统计分析，然后通过匹配东道国风险数据初步揭示失败项目所在国的风险特征，继而在特征事实与第 3 章作用机理的基础上引入计量模型，实证检验东道国各维度风险对中国"一带一路"项目投资成效的影响，并进一步探讨"一带一路"倡议和双边投资协定对二者关系的调节效应。

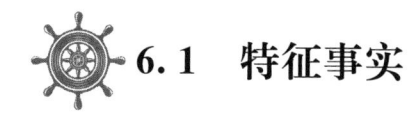

6.1 特征事实

6.1.1 中国对"一带一路"共建国家项目投资失败的特征事实

为全面了解中国对"一带一路"共建国家项目投资失败的情况，本章以 2005～2019 年"中国全球投资追踪"数据库记录的"一带一路"共建 31 个国家的 80 项大型失败项目（troubled transactions）为样本进行统计分析，按照数据库公布机构的定义，失败项目是指由于非商业因素导致投资被终止或者停工的项目。

（1）失败项目规模特征。

图 6-1 报告了 2005～2019 年中国在"一带一路"共建国家项目投资失败的规模。由图 6-1 可知，中国企业在共建国家大型失败项目的投资规模起伏比较大。失败项目共 80 项，占中国企业对共建国家大型项目投资数量的 5.72%，涉及投资金额 1 035.60 亿美元，占大型项目总投资额的 13.70%。其中，2006 年投资失败规模最大，涉及投资金额 218.7 亿美元，占 15 年总投资规模的 21.12%；其次是 2018 年，投资失败规模为 180.3 亿美元，占 15 年总投资规模的 17.41%；2012 年以及 2014 年投资失败的规模也相对较大，分别为 117.1 亿美元和 98.7 亿美元；2005 年、2008 年、2009 年、2010 年以及 2016 年失败项目的规模普遍较低。

（2）失败项目国家分布特征。

表 6-1 报告了 2005～2019 年中国在"一带一路"共建国家大型失败项目的国家分布

第6章 东道国风险对中国海外项目投资成效影响的实证分析

情况。由表6-1可以看出，中国企业在共建31个国家发生了大型失败项目，其中西亚地区最多，失败项目总计32项，涉及投资金额617.40亿美元，占总失败项目投资规模的59.62%，主要分布在伊朗、以色列、也门等国。其次是东盟地区，失败项目共22项，涉及投资金额265.9亿美元，占总失败项目投资规模的25.68%，主要分布在菲律宾、越南、缅甸、泰国、新加坡、印度尼西亚等国，受美国重返亚太、东盟国家政局变动等事件的持续发酵，菲律宾失败项目数量最多，涉及金额最大。

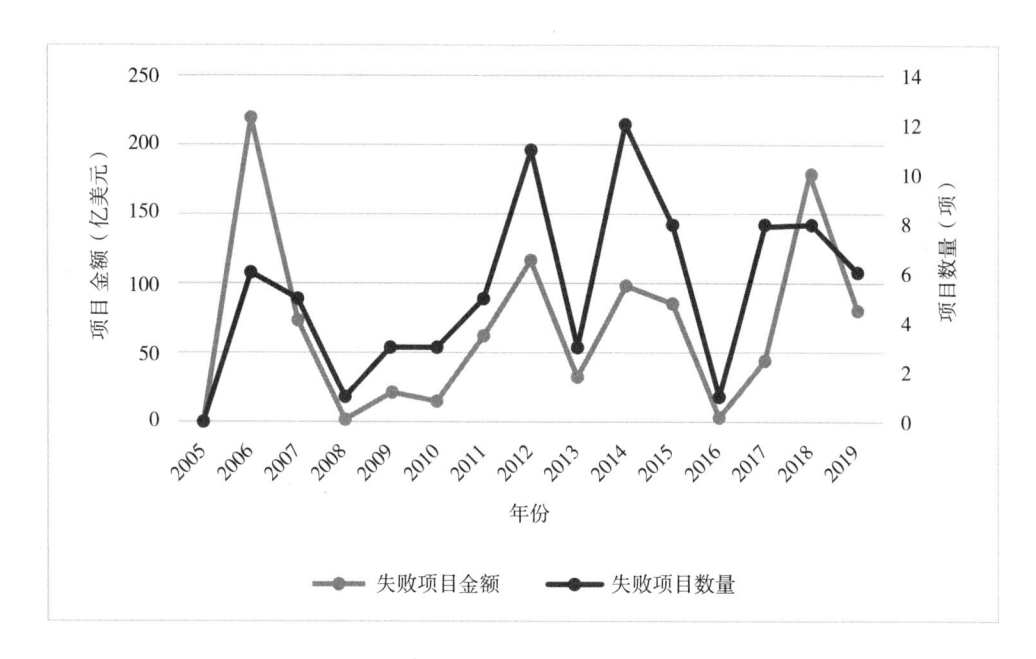

图6-1 2005～2019年中国对"一带一路"共建国家项目投资失败规模

表6-1 2005～2019年中国对"一带一路"共建国家项目投资失败国家分布

序号	国家	投资（亿美元）	数量（项）	序号	国家	投资（亿美元）	数量（项）
1	伊朗	259.3	5	10	哈萨克斯坦	32.4	2
2	俄罗斯	142.7	5	11	印度尼西亚	31.9	5
3	菲律宾	68.6	6	12	阿富汗	28.7	1
4	马来西亚	54.4	3	13	伊拉克	27.7	3
5	巴基斯坦	50.2	4	14	印度	26.3	5
6	缅甸	48.2	4	15	蒙古	23.7	4
7	以色列	46.9	2	16	斯里兰卡	19.3	2
8	孟加拉国	35.3	4	17	新加坡	17.5	1
9	也门	34.4	6	18	波兰	13.8	2

续表

序号	国家	投资（亿美元）	数量（项）	序号	国家	投资（亿美元）	数量（项）
19	老挝	13.8	1	26	罗马尼亚	3.5	1
20	希腊	12.0	3	27	泰国	3.0	1
21	尼泊尔	12.0	1	28	保加利亚	1.9	1
22	沙特阿拉伯	9.3	1	29	卡塔尔	1.8	1
23	格鲁吉亚	6.3	2	30	乌兹别克斯坦	1.1	1
24	柬埔寨	4.8	1	31	乌克兰	1.0	1
25	土耳其	3.8	1				

中国在"一带一路"共建国家的失败项目主要分布于伊朗、俄罗斯、菲律宾、马来西亚、巴基斯坦、缅甸、以色列、孟加拉国、也门、哈萨克斯坦等国家，失败项目总规模分别为259.30亿美元、142.70亿美元、68.60亿美元、54.40亿美元、50.20亿美元、48.20亿美元、46.90亿美元、35.30亿美元、34.40亿美元和32.40亿美元，占中国企业在共建国家投资失败项目总额的比例依次为25.04%、13.78%、6.62%、5.25%、4.85%、4.65%、4.53%、3.41%、3.32%和3.13%；新加坡、老挝、尼泊尔、沙特阿拉伯、柬埔寨、土耳其、罗马尼亚、泰国、保加利亚、卡塔尔、乌兹别克斯坦、乌克兰都仅有一次失败的大型项目投资，涉及金额也相对较少，新加坡17.5亿美元、老挝13.8亿美元、尼泊尔12亿美元，其余国家均小于10亿美元。中国企业在菲律宾、也门、俄罗斯、伊朗、印度尼西亚、印度投资失败的大型项目数量最多，菲律宾、也门为6项，其余国家均为5项，巴基斯坦、缅甸、孟加拉国、蒙古各4项，马来西亚、伊拉克、希腊均为3项，以色列、哈萨克斯坦、斯里兰卡、波兰、格鲁吉亚均为2项，其余国家各1项。

（3）失败项目行业分布特征。

能源、交通行业是"一带一路"建设的重点，同时也是高风险行业。表6-2以及图6-2报告了中国在"一带一路"共建国家失败项目的行业分布情况。2005~2019年，能源、交通、金属是中国企业投资失败最严重的行业，失败项目共66项，占全部失败项目数量的82.50%，涉及金额高达878.5亿美元，占全部失败项目投资规模的84.84%。其中能源行业为投资失败最频繁的行业，投资失败项目共39项，累计金额高达669.8亿美元，占失败项目投资总规模的64.68%。交通行业及金属行业也是投资失败的主要行业，失败项目数量分别为17项和10项，涉及金额116.0亿美元和92.8亿美元。不动产、农业、技术行业投资失败项目相对较少，分别为4项、2项和2项，其中农业行业有一项失败项目规模高达41.3亿美元，极大地高于不动产与技术行业，但频率低，不具有代表性。其他行业包括化学、公共事业、物流、环境、娱乐等行业，共有6项投资失败项目，其中有3项金额较大，分别是发生在2014年的化学项目，涉及金额18.5亿美元，娱乐项目涉及金额12亿美元，还有发生在2019年的娱乐项目，涉及金额44亿美元。

第6章 东道国风险对中国海外项目投资成效影响的实证分析

表6-2 2005~2019年中国对"一带一路"共建国家项目投资失败行业分布

年份	能源	交通	金属	农业	不动产	技术	其他
2005	0	0	0	0	0	0	0
2006	200.80/4	0	17.9/2	0	0	0	0
2007	22.3/3	10.0/1	0	41.3/1	0	0	0
2008	0	0	0	0	0	3.0/1	0
2009	5.2/1	1.8/1	15.0/1	0	0	0	0
2010	0	6.2/1	8.6/2	0	0	0	0
2011	49.00/2	7.7/2	0	0	0	0	5.0/1
2012	102.10/7	13.3/3	1.7/1	0	0	0	0
2013	1.0/1	0	31.8/2	0	0	0	0
2014	46.9/6	12.4/3	8.9/1	0	0	0	30.5/2
2015	56.4/6	29.3/2	0	0	0	0	0
2016	0	3.1/1	0	0	0	0	0
2017	17.7/1	11.6/2	0	1.2/1	6.8/1	2.9/1	4.1/2
2018	147.9/5	20.6/1	8.9/1	0	1.5/1	0	0
2019	20.5/3	0	0	0	16.7/2	0	44.0/1
合计	669.8/39	116.0/17	92.8/10	42.5/2	25.0/4	5.9/2	83.6/6

注 A/B，A 为项目金额（亿美元），B 为项目数量（项）。

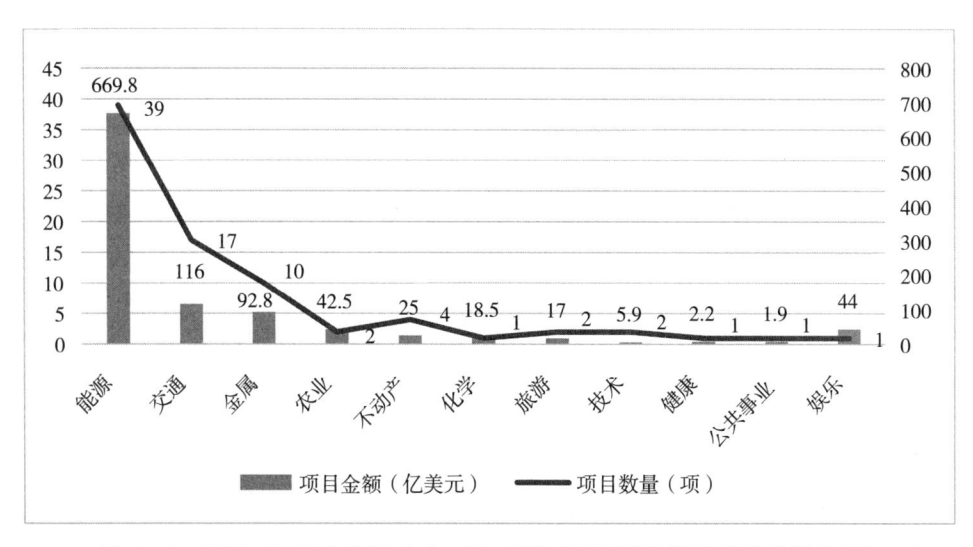

图6-2 2005~2019年中国对"一带一路"共建国家项目投资失败行业分布

(4) 失败项目投资主体特征。

由图 6-3 可以看出，所有失败项目涉及的投资主体共 39 个，除了吉林富华、复兴集团、北京信威通讯、明阳风电、神州长城国际、沛辉国际投资（已解散）、上海巨人等 7 家民营企业，其余 32 个投资主体均为国有企业。失败项目无论是数量还是投资金额上，都以中字头的大型国有企业为主，中石油、中石化、国机集团、中国铁路工程、中国华信、中国交建等失败项目数量较多，中石油、中海油以及中国华信失败项目的涉及金额都高达 100 亿美元以上。

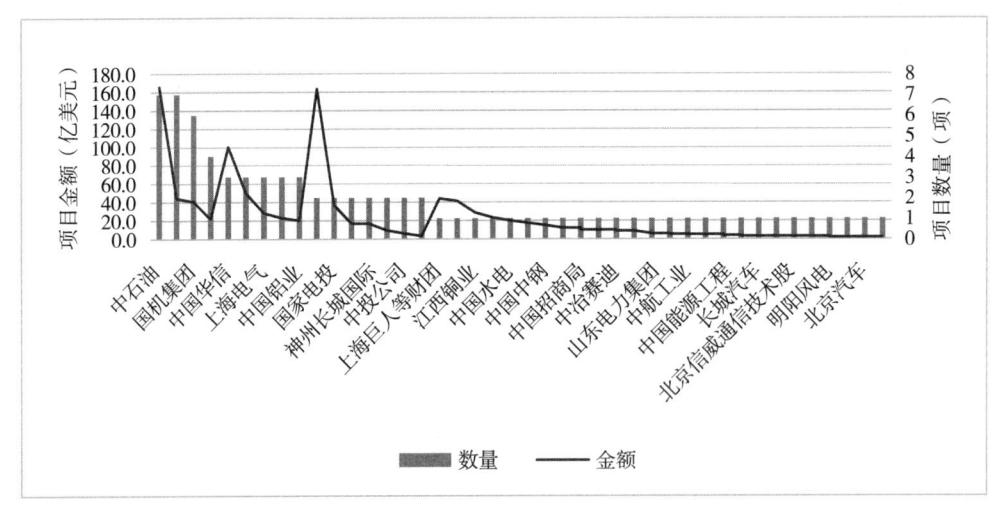

图 6-3 2005~2019 年中国对"一带一路"共建国家项目投资失败主体分布

6.1.2 东道国风险与"一带一路"项目投资失败的特征事实

为分析投资失败项目所在东道国的风险事实，本章对投资失败项目与第 4 章测度到的所在东道国风险数据进行匹配。表 6-3 报告了 2005~2019 年投资失败项目所涉及的投资金额和概率❶以及所在东道国各维度风险排名。由表 6-3 可知，涉及投资金额较大的失败项目所在国的综合风险排名都相对靠后，主要分布在伊朗、俄罗斯、菲律宾、马来西亚、巴基斯坦等综合平均风险值较高的国家，这些国家政治风险和社会风险排名也相对靠后，经济风险排名未发现明显靠后。伊朗、菲律宾、以色列、波兰、保加利亚等国项目投资失败的概率比较高，其中，伊朗、菲律宾综合风险、政治风险和社会风险排名都相对靠后，以色列、波兰、保加利亚综合风险和政治风险排名相对靠前。由此可见，失败项目大多发生在综合风险值较高的东道国，涉及投资金额较大的失败项目所在东道国综合风险也相对较大，项目投资失败率较高的东道国综合风险值也相对较高，但是东道国各维度风险排名并未表现出明显偏后。

---

❶ 失败项目发生概率＝失败项目总投资额/（已完成项目总投资额＋失败项目总投资额）。

第6章 东道国风险对中国海外项目投资成效影响的实证分析

表6-3 2005~2019年投资失败项目所在国的各维度风险排名

序号	国家	项目投资失败概率（%）	投资额（百万美元）	综合风险排名	政治风险排名	经济风险排名	社会风险排名
1	伊朗	49.06	25 930	22	27	28	29
2	俄罗斯	20.92	14 270	23	24	19	37
3	菲律宾	35.62	6 860	30	35	8	35
4	马来西亚	10.89	5 440	20	11	24	12
5	巴基斯坦	8.21	5 020	24	28	17	36
6	缅甸	33.71	4 820	17	29	13	19
7	以色列	36.81	4 690	8	9	10	21
8	孟加拉国	11.65	3 530	32	36	11	26
9	哈萨克斯坦	8.46	3 240	18	19	22	25
10	印度尼西亚	5.81	3 190	31	33	20	17
11	伊拉克	10.37	2 770	38	38	38	38
12	印度	7.90	2 630	14	16	12	30
13	蒙古	24.21	2 370	19	12	25	34
14	斯里兰卡	12.25	1 930	13	18	14	22
15	新加坡	4.01	1 750	1	1	1	1
16	波兰	38.76	1 380	11	3	26	10
17	沙特阿拉伯	2.21	930	6	22	2	14
18	土耳其	2.39	380	26	17	32	28
19	罗马尼亚	14.23	350	12	10	23	13
20	泰国	2.87	300	10	20	7	24
21	保加利亚	29.23	190	9	8	15	9
22	卡塔尔	2.42	180	35	6	35	2
23	乌克兰	1.02	100	20	21	27	27

注 风险排名来源于第4章。由于第4章东道国风险值是38个样本国家的数据，通过数据匹配，38个样本国家中共有23个国家发生了项目投资失败。

6.2 研究设计

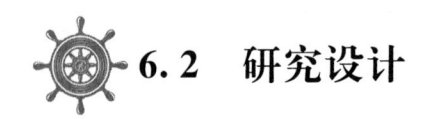

6.2.1 模型设定

结合前文特征事实与第3章的作用机理,本章在以往研究的基础上,借鉴沈坤荣和金刚(2018)的模型设定,通过引入计量模型,分别从项目投资失败概率和规模两个维度检验东道国各维度风险对中国"一带一路"项目投资成效的影响,具体模型如下:

$$Prob(Trouble_{ijt}=1) = \alpha + \beta_1 Risk_{it} + \beta_2 X_{it} + \beta_3 P_{ijt} + \mu_t + \varepsilon_{ijt} \quad (6-1)$$

$$\ln Trouble_{ijt} = \alpha + \beta_1 Risk_{it} + \beta_2 X_{it} + \beta_3 P_{ijt} + \mu_t + \varepsilon_{ijt} \quad (6-2)$$

模型(6-1)用以检验东道国风险对中国"一带一路"项目投资失败概率的影响,模型(6-2)用以检验东道国风险对中国"一带一路"项目投资失败规模的影响。其中,i 代表国家;t 代表年份;j 代表投资主体;X 表示东道国国家层面的控制变量;P 表示项目层面的控制变量;μ_t 为时间固定效应;ε_{ijt} 为随机误差项。

6.2.2 变量选择

(1)被解释变量。

$Trouble_{ijt}$ 表示投资主体 j 第 t 年在东道国 i 项目投资成功与否,当项目失败时,该变量的取值为1,否则为0。失败项目(trouble)是指海外项目投资双方或者多方达成一致后由于东道国风险因素的发生导致项目投资失败;$\ln Trouble_{ijt}$ 表示投资主体 j 在东道国 i 第 t 年项目投资失败总额的对数,由于较多样本项目投资失败金额为0,因此对原值加1后再取对数,数据来自"中国全球投资追踪"数据库。

(2)解释变量。

解释变量东道国风险 $Risk_{it}$ 是中国企业进行项目投资时第 t 年面临的东道国 i 的风险测算值,数据来源于第4章测度的东道国风险值。该变量包括综合风险 $Risk$、政治风险 $Risk1$、经济风险 $Risk2$、社会风险 $Risk3$ 四类。

(3)控制变量。

为使模型更加稳健,对一些重要变量进行控制,基于经济理论以及数据的可获得性,本章选择东道国国家和项目两个层面的控制变量。

①东道国国家层面。

变量 GDP_{it} 表示东道国 i 第 t 年的经济体量，采用 GDP 总量衡量，东道国的经济体量一直是中国企业海外项目投资的重要指标，也是影响海外项目投资成效的重要因素，数据来源于世界银行 WDI；变量 $Gdprate_{it}$ 表示东道国 i 第 t 年的经济发展水平，采用人均 GDP 年增长率衡量，数值越大，表明经济发展越快，数据来源于世界银行 WDI；变量 DTT_{it} 表示东道国 i 第 t 年是否签订双边税收协定，该变量为虚拟变量，1 表示签署，0 表示未签署，较多研究表明双边税收协定的签订有助于减少项目投资失败率，数据来源于商务部网站；变量 $Hightech_{it}$ 表示东道国 i 第 t 年的高科技产品出口占制成品出口的百分比。近些年，更多的海外投资项目以获取技术优势为目的，试图寻找产业升级，而具有技术禀赋的国家可能通过制定较高的准入门槛或者技术标准来保护本国企业，从而导致中国企业海外项目投资失败，数据来源于世界银行 WDI；变量 $Resource_{it}$ 表示东道国 i 第 t 年的资源水平，采用东道国燃料、金属与矿石出口量占商品出口量的百分比来衡量。资源寻求的动机一直是中国企业进行海外项目投资的主要目的之一，随着各类资源的日趋紧缺以及民族资源保护的影响，资源类的海外投资项目更容易失败，数据来源于世界银行 WDI。

②项目层面。

$\ln OFDI_{ijt}$ 表示投资主体 j 在东道国 i 第 t 年大型项目投资总额的对数，因为投资规模越大越容易发生项目投资失败的现象，数据来源于中国全球投资追踪数据库；$State_j$ 表示投资主体的所有制属性，该变量为虚拟变量，如果投资主体 j 是国有企业，取值为 1，否则取值为 0，如果一个项目的投资主体是多个，则按照对项目投资的金额比例确定，以投资额最高的主体所有制属性确定，数据来源于中国全球追踪数据库，根据投资主体所有制属性整理所得。

(4) 调节变量。

变量 BRI_{ijt} 表示投资主体 j 在东道国 i 第 t 年是否受到"一带一路"倡议的影响，"一带一路"倡议是 2013 年 10 月提出的，因此当 t 大于或等于 2014 年时，取值为 1，否则为 0，数据来源于中国全球投资追踪数据库。

变量 BIT_{it} 表示东道国 i 第 t 年是否签订双边投资协定（BIT），该变量为虚拟变量，1 表示签署，0 表示未签署，数据来源于商务部《我国对外签订双边协定一览表》。

6.2.3 数据来源

根据数据的可获得性以及研究目的，模型采用 2005～2019 年"一带一路"38 个共建国家的面板数据。38 个样本国家为第 4 章选定的"一带一路"共建国家，通过数据匹配，最终保留 1 279 个观测值，合计包括中国对"一带一路"共建 38 个样本国家已完成投资的 1 208 个项目和已发生的 71 个失败项目。

6.2.4 描述性统计

为消除异方差，模型对相关变量数据取对数处理，相应的描述性统计如表6-4所示。从统计结果可以看出，Trouble均值为0.063，标准差为0.244，表明"一带一路"项目投资失败发生的概率为6.30%，相对较高。核心解释变量东道国综合风险的最大值为13.709，最小值为0.010，均值为2.630，标准差为2.640，数值波动较大，表明"一带一路"共建国家综合风险差异较大。其中，控制变量的数值变动也都比较大，表明共建各国的资源、技术、经济、对华关系差异较大，这更有利于从多角度考察"一带一路"项目投资成效的影响因素。

表6-4 描述性统计

变量	观测数	均值	标准差	最小值	最大值
$\ln Trouble$	995	0.408	1.592	0	9.680
$Trouble$	995	0.063	0.244	0	1
$Risk$	995	2.630	2.640	0.010	13.709
$Risk1$	995	2.632	3.238	0.134	9.275
$Risk2$	995	2.636	3.600	0.161	17.88
$Risk3$	995	2.631	1.198	0.590	7.375
$\ln Resource$	945	0.644	1.634	-9.690	4.208
$\ln Hightech$	945	1.693	1.745	-7.451	3.965
$\ln GDP$	992	25.592	1.308	21.649	28.631
$\ln Gdprate$	989	0.966	1.029	-4.232	4.346
DTT	995	0.923	0.266	0	1
$\ln OFDI$	995	5.891	0.951	4.605	9.680
$State$	995	0.876	0.329	0	1
BIT	995	0.763	0.426	0	1
BRI	995	0.654	0.257	0	1

6.2.5 相关性检验

在回归前首先对解释变量和控制变量进行Spearman相关系数分析，表6-5结果显示，解释变量以及控制变量之间的相关系数大部分都在50%以下，相关性较低，东道国综合风险与其他各维度风险相关系数较高，但是分别放入模型中进行回归，因此各个变量之间不存在严重多重共线问题，满足回归分析的基本要求。

表 6-5 变量间的相关系数矩阵

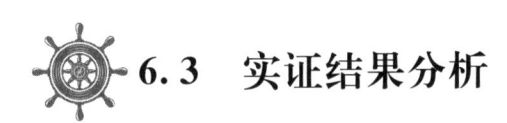

变量	Risk	Risk1	Risk2	Risk3	lnResource	lnHightech	lnGDP	lnGdprate	DTT	lnOFDI	State
Risk	1.000										
Risk1	0.609	1.000									
Risk2	0.769	−0.029	1.000								
Risk3	0.142	0.085	0.013	1.000							
lnResource	−0.284	−0.173	−0.218	−0.022	1.000						
lnHightech	0.049	0.177	−0.089	0.151	0.217	1.000					
lnGDP	0.014	−0.068	0.103	−0.230	0.410	0.427	1.000				
lnGdprate	0.041	0.234	−0.116	0.095	0.021	0.368	0.224	1.000			
DTT	0.045	0.198	−0.064	−0.011	0.124	0.125	0.007	−0.070	1.000		
lnOFDI	0.053	0.068	0.011	0.036	−0.028	−0.005	−0.193	−0.001	−0.006	1.000	
State	−0.001	−0.007	−0.006	0.100	0.048	0.030	−0.032	0.061	−0.031	0.078	1.000

6.3 实证结果分析

6.3.1 基准回归结果分析

本章的解释变量有两个，针对东道国风险对"一带一路"项目投资失败概率的影响采用面板二值模型的 Probit 进行回归；对"一带一路"项目投资失败规模的影响采用 Tobit 模型进行回归，主要原因是中国企业在较多共建国家不存在投资失败项目，规模为0。

表6-6中列（1）～（4）报告了模型（6-1）的基准回归结果，列（5）～（8）报告了模型（6-2）的基准回归结果。由回归结果可以看出，无论是项目投资失败的概率还是规模，东道国综合风险 Risk 的估计系数都在10%的置信区间显著为正，表明东道国综合风险显著增加了中国"一带一路"项目投资失败的概率和规模。这一结论与前文投资失败项目所在东道国的风险特征事实相符，现实情况也是如此，中国在"一带一路"共建国家投资失败的项目大多发生在投资环境复杂，风险较高的东道国。究其原因主要在于，东

道国综合风险是一国政治、经济、社会环境的反映，综合风险高就意味着"一带一路"项目所处的投资环境不稳定，当东道国内部及外部政府或社会组织对东道国投资环境变化做出直接或者间接的反应时，就很有可能发生风险事件，当风险事件触发东道国的风险因素释放出风险流后，就会对"一带一路"项目的正常机会、收益、运营等产生威胁，引起项目损失暴露，继而导致项目受阻、夭折或失败。

表 6-6 基准回归结果

变量	失败概率 Probit 模型回归结果				失败规模 Tobit 规模回归结果			
	$Trouble$（1）	$Trouble$（2）	$Trouble$（3）	$Trouble$（4）	$\ln Trouble$（5）	$\ln Trouble$（6）	$\ln Trouble$（7）	$\ln Trouble$（8）
$Risk$	0.002* [1.692]				0.529* [1.653]			
$Risk1$		0.037** [1.998]				1.729** [1.987]		
$Risk2$			−0.027 [−0.236]				−1.424 [−0.201]	
$Risk3$				0.043 [1.500]				3.336 [0.990]
$\ln Resource$	0.051* [1.607]	0.062* [1.607]	0.052* [1.707]	0.068* [1.607]	0.032* [1.813]	0.033** [1.913]	0.034* [1.913]	0.046** [2.013]
$\ln Hightech$	−0.046 [−0.005]	−0.041 [−0.005]	−0.040 [−0.005]	−0.061 [−0.005]	−0.011 [−0.010]	−0.006 [−0.010]	−0.006 [−0.011]	0.023 [−0.011]
$\ln GDP$	−0.051 [−0.057]	−0.074 [−0.058]	−0.057 [−0.057]	−0.048 [−0.056]	−0.046 [−0.121]	−0.057 [−0.123]	−0.052 [−0.120]	−0.044 [−0.119]
$\ln Gdprate$	0.095* [1.721]	0.066* [1.821]	0.089* [1.722]	0.093* [1.721]	0.052* [1.842]	0.038* [1.843]	0.049* [1.843]	0.050* [1.842]
DTT	−0.199* [−1.701]	−0.253* [−1.809]	−0.234** [−2.006]	−0.158 [−0.987]	−0.147* [−1.692]	−0.170 [−0.976]	−0.170 [−0.913]	−0.118 [−0.801]
$\ln OFDI$	0.289*** [2.986]	0.300*** [3.266]	0.292*** [3.268]	0.292*** [3.271]	0.288*** [4.550]	0.291*** [4.549]	0.289*** [4.554]	0.291*** [4.560]
$State$	−0.171 [−0.411]	−0.204 [−0.444]	−0.156 [−0.426]	−0.175 [−0.408]	−0.066 [−0.981]	−0.077 [−0.040]	−0.061 [−0.994]	−0.074 [−0.969]
_cons	−1.845*** [−3.001]	−1.316*** [−2.687]	−1.648*** [−2.699]	−1.844** [−2.065]	−0.436*** [−3.065]	−0.191*** [−3.215]	−0.258*** [−2.997]	−0.434*** [−2.867]
年份效应	控制	控制	控制	控制	控制	控制	控制	控制
N	889	889	889	889	942	942	942	942

注 括号内为 t 值，***、**、* 分别代表 1%、5%、10% 的显著性水平。

列（2）和列（6）显示东道国政治风险 $Risk1$ 的估计系数在5%的置信区间显著为正，表明东道国政治风险显著增加了"一带一路"项目投资失败的概率和规模，中国企业在政治风险高的沿线国家进行项目投资时失败的可能性更大，这一点在失败项目所在东道国的政治风险排名中也可以看出，投资规模大的失败项目大多也发生在政治风险偏高的东道国，这也反映了东道国政治风险是中国在"一带一路"共建国家进行项目投资所面临的重要风险。这可能的原因在于政治风险高的国家存在产权保护低、资产可能被东道国政府国有化等风险，对于沉没成本高的项目，失败概率很大；再者政治风险高的国家制度体系以及国家治理水平较低，这会导致项目收益与风险难以匹配，海外投资收益得不到保障，很多项目难以维系，最终被迫放弃；最后东道国的政治风险因素会直接增加项目成本和难度，最终导致项目无法运营。

列（3）和列（7）显示的东道国经济风险 $Risk2$ 的估计系数在项目投资失败概率和规模上都不显著且为负，这表明东道国的经济风险并未显著增加"一带一路"项目投资失败的概率和规模，系数为负则表明中国企业在经济发展水平高且经济风险低的"一带一路"共建国家进行项目投资时可能更容易投资失败。这一结论与现实经济情况基本相符，在失败项目发生国的经济风险排名中可以看出，在经济环境良好的东道国依然有失败项目的发生而且投资规模也不小。这可能的原因在于近些年在一些经济发展水平较高的国家，经济增长速度放缓，其出于保护本国企业等目的制造了排斥外资的现象，这就导致中国企业在这些经济风险较低的沿线国家进行项目投资时可能会由于政府阻碍等原因导致项目投资失败。

列（4）和列（8）显示的东道国社会风险 $Risk3$ 的估计系数在项目投资失败概率和规模上都不显著且为正，表明东道国社会风险对中国"一带一路"项目投资失败概率和规模的影响在统计意义上不显著，系数为正也说明东道国社会风险会引致"一带一路"项目投资失败。这可能的原因在于根据本书对东道国社会风险的测度，社会风险主要侧重于东道国的社会安全、内部冲突以及文化差异等方面的风险因素，这些风险因素在"一带一路"项目投资初期可能表现得不明显，而本章所选定的失败项目样本可能大多还未进入东道国经营就已经受阻、夭折了。因此，在研究期内，东道国社会风险没有显著增加"一带一路"项目投资失败的概率和规模具有一定的合理性。

在控制变量中，东道国的资源水平 $Resource$ 的估计系数大多在10%的置信水平上显著为正，表明在资源丰富的东道国，"一带一路"项目投资更容易失败。这是因为资源丰富的"一带一路"共建国家，大多经济发展水平不高，政治与社会环境复杂，东道国综合风险相对较高，因此项目投资失败相对较多。反映东道国经济发展水平的人均GDP增速 $Gdprate$ 的估计系数大多在5%的置信水平上显著为正，表明在经济发展水平高、经济风险较低的沿线国家，"一带一路"项目投资更容易失败，这跟上述关于东道国经济风险系数回归结果的结论一致，表明中国企业在经济发展水平高、经济风险较低的共建国家进行项目投资时可能会由于东道国对外资的排斥、保护国内企业等因素而受阻或失败。双边税收协定DTT的估计系数大多在10%的置信区间内显著为负，这说明双边税收协定能够显著降低"一带一路"项目投资失败的概率和规模。双边税收协定作为一种规范东道国和母国之间投资事宜的制度安排，在缓解项目投资风险、促进和保护对外直接投资方面尤为重要。项目投资规模 OFDI 的估计系数在 1% 的置信水平上显著为正，表明数量越多、规模越大的项目更容易导致项目投资失败，也反映出投资规模越大的项目所要面临的风险更复杂，更容易失败。这一点跟现实情况相符，很多大型失败项目是因为投资规模过于庞大，在东道国风险事件爆发后，很难及时调整项目规模，导致项目无法继续，被迫夭折。东道国技术水平 Hightech 的估计系数、市场规模 GDP 的估计系数以及企业属性 State 的估计系数不显著且都为负，说明统计意义不显著，根据系数符号结果显示，在技术水平低或市场规模小的东道国项目投资可能更容易失败，非国有企业的项目投资可能更容易失败，而这有待于进一步研究。

6.3.2 稳健性检验

针对模型 (6-1)，本章采用 Logit 模型替代 Probit 模型进行重新回归估计。表 6-7 回归结果显示，东道国的综合风险、政治风险估计系数分别在 10%、5% 的置信区间显著为正，东道国经济风险估计系数未通过显著性检验，东道国社会风险估计系数在 10% 的置信区间显著为正，结果与基准回归基本一致，表明前文结论稳健。针对模型 (6-2)，本章采用替换被解释变量进行稳健性检验，采用中国企业在东道国 i 年份 t 失败项目投资数量替代原有项目投资额，数据来源于"中国全球投资追踪"数据库。回归结果显示，东道国综合风险和政治风险估计系数都在 5% 的置信区间显著为正，东道国经济风险与社会风险估计系数不显著，回归结果与基准回归结果基本一致，表明前文结论稳健。

表 6-7 稳健性检验：替换估计方法和变量指标

变量	失败概率 Logit 回归结果				失败规模（数量）Tobit 回归结果			
	Trouble (1)	Trouble (2)	Trouble (3)	Trouble (4)	lnTrouble (5)	lnTrouble (6)	lnTrouble (7)	lnTrouble (8)
$Risk$	0.011* [1.892]				0.009** [2.043]			
$Risk1$		0.029** [1.998]				0.076** [1.987]		
$Risk2$			−0.022 [−0.231]				−0.096 [−0.327]	
$Risk3$				0.018* [1.700]				1.014 [0.990]
$lnResource$	0.012* [1.817]	0.012* [1.807]	0.012* [1.837]	0.012* [1.847]	0.024* [1.713]	0.025** [2.013]	0.024* [1.913]	0.025** [2.213]

续表

变量	失败概率 Logit 回归结果				失败规模（数量）Tobit 回归结果			
	Trouble (1)	Trouble (2)	Trouble (3)	Trouble (4)	lnTrouble (5)	lnTrouble (6)	lnTrouble (7)	lnTrouble (8)
ln$Hightech$	0.005 [0.005]	0.006 [0.005]	0.005 [0.005]	0.006 [0.005]	−0.012 [0.010]	−0.012 [0.010]	0.010 [0.011]	−0.013 [0.011]
lnGDP	0.020 [0.057]	0.017 [0.058]	0.015 [0.057]	0.018 [0.056]	0.045 [0.121]	0.037 [0.123]	0.033 [0.120]	0.040 [0.119]
ln$Gdprate$	0.040* [1.621]	0.039* [1.721]	0.038* [1.921]	0.040* [1.221]	0.085* [1.642]	0.085* [1.643]	0.082* [1.743]	0.085* [1.742]
DTT	−0.041* [−1.701]	−0.003* [−1.809]	−0.167** [−2.006]	−0.052 [−0.987]	−0.088* [−1.692]	−0.007 [−0.976]	−0.045 [−0.913]	−0.023 [−0.801]
ln$OFDI$	0.270*** [0.266]	0.267*** [0.266]	0.283*** [0.268]	0.260*** [0.271]	0.587*** [0.550]	0.584*** [0.549]	0.616*** [0.554]	0.568*** [−0.560]
$State$	0.073 [0.411]	0.033 [0.444]	0.035 [0.426]	0.040 [0.408]	−0.674 [−0.981]	−0.554 [−0.040]	0.370 [0.994]	−0.583 [−0.969]
_cons	−1.973*** [−2.411]	−1.933*** [−2.444]	−1.835*** [−2.426]	−1.940*** [−2.408]	−3.674*** [−2.981]	−3.554*** [−3.040]	−3.370*** [−2.004]	−3.583*** [−2.969]
年份效应	控制	控制	控制	控制	控制	控制	控制	控制
N	889	889	889	889	942	942	942	942

注　括号内为 t 值，***、**、* 分别代表 1%、5%、10% 的显著性水平。

6.3.3　内生性问题处理

本章基准回归的解释变量是东道国各维度风险对"一带一路"项目投资成效的影响，内生性威胁其实比较小，因为共建国家大部分的风险因素是客观存在的，本章被解释变量取自项目层面的微观数据，项目投资失败不太可能影响东道国风险的变化。但由于对东道国风险的测度可能存在误差，仍然要对各维度风险可能存在的内生性问题进行处理，为此，本章以东道国各维度风险的滞后一期作为工具变量，进行两阶段最小二乘法（2SLS）回归。第一阶段的回归结果均显示 F 值大于 10，表明弱工具变量的问题较小。表 6-8 报告了第二阶段的回归结果，解释变量的相关估计系数在显著性和方向上都未发生明显变化，说明考虑了内生性问题后，前文结论依旧稳健。

表6-8　2SLS第二阶段回归结果

变量	Trouble (1)	Trouble (2)	Trouble (3)	Trouble (4)	lnTrouble (5)	lnTrouble (6)	lnTrouble (7)	lnTrouble (8)
$Risk$	0.002*				0.121*			
	[1.692]				[0.543]			
$Risk1$		0.036***				0.627**		
		[2.998]				[1.987]		
$Risk2$			−0.221				−0.324	
			[−0.236]				[−0.299]	
$Risk3$				0.065				1.031
				[1.700]				[0.990]
$lnResource$	0.065*	0.071*	0.088*	0.058*	0.022*	0.023**	0.024*	0.036**
	[1.606]	[1.704]	[1.706]	[1.803]	[1.814]	[1.712]	[1.717]	[2.016]
$lnHightech$	−0.076	−0.061	−0.060	−0.051	−0.007	−0.005	−0.005	−0.013
	[−0.011]	[−0.015]	[−0.014]	[−0.014]	[−0.060]	[−0.050]	[−0.061]	[−0.071]
$lnGDP$	−0.071	−0.064	−0.067	−0.068	−0.033	−0.037	−0.032	−0.041
	[−0.057]	[−0.058]	[−0.057]	[−0.056]	[−0.121]	[−0.123]	[−0.120]	[−0.119]
$lnGdprate$	0.085*	0.076*	0.079*	0.073*	0.042*	0.028*	0.039*	0.041*
	[1.821]	[1.801]	[1.785]	[1.801]	[1.642]	[1.743]	[1.643]	[1.640]
DTT	−0.299*	−0.202*	−0.232**	−0.167	−0.047*	−0.070**	−0.070*	−0.018
	[−1.701]	[−1.809]	[−2.006]	[−0.987]	[−1.692]	[−1.996]	[−1.913]	[−0.801]
$lnOFDI$	0.301***	0.380***	0.292***	0.292***	0.107***	0.106***	0.108***	0.103***
	[3.266]	[3.266]	[3.268]	[3.271]	[3.550]	[3.549]	[3.554]	[3.560]
$State$	−0.151	−0.254	−0.166	−0.145	−0.076	−0.067	−0.051	−0.064
	[−0.401]	[−0.443]	[−0.429]	[−0.407]	[−0.980]	[−0.041]	[−0.993]	[−0.968]
_cons	−1.845**	−1.316***	−1.648***	−1.844***	−0.436***	−0.191**	−0.258***	−0.434**
	[−2.009]	[−3.387]	[−3.099]	[−2.025]	[−2.865]	[−2.215]	[−2.990]	[−2.067]
年份效应	控制	控制	控制	控制	控制	控制	控制	控制
N	889	889	889	889	942	942	942	942

注　括号内为 t 值，***、**、* 分别代表1%、5%、10%的显著性水平。

6.3.4 异质性分析

(1) 行业异质性分析。

东道国风险对中国"一带一路"项目投资成效的影响，可能会因为投资行业的不同而产生异质性。事实上，根据前文的失败项目特征事实也可以看出，在本章样本的80个失败项目中，能源行业项目投资失败明显。为了进一步验证东道国各维度风险对不同行业"一带一路"项目投资成效的影响，接下来将失败项目分为能源行业和非能源行业进行异质性检验。

表6-9报告了分行业项目投资失败概率的回归结果，表6-10报告了分行业项目投资失败规模的回归结果。由表6-9、表6-10的回归结果可以看出，东道国综合风险$Risk$的估计系数均显著为正，表明无论是能源行业还是非能源行业，东道国综合风险都会显著增加"一带一路"项目投资失败的概率和规模。对比回归结果可以发现，能源行业回归中的估计系数值和显著性均大于非能源行业，这说明东道国综合风险对能源行业项目投资失败概率或规模的影响要更显著，不利影响也大于其他行业。这是因为"一带一路"能源项目的投资主要分布在政治环境复杂、经济发展水平低、社会不稳定的国家，这类国家综合风险本身就比较高，加上东道国的能源保护主义以及对国家安全考虑等因素，对能源行业的阻碍效应表现的更明显，现实经济情况也是如此，能源行业项目投资失败多发生在伊朗、俄罗斯、伊拉克等综合风险较高的国家。

表6-9 分行业投资失败概率回归结果

变量	能源行业失败概率 Probit 回归结果				非能源行业失败概率 Probit 回归结果			
	$Trouble$ (1)	$Trouble$ (2)	$Trouble$ (3)	$Trouble$ (4)	$Trouble$ (5)	$Trouble$ (6)	$Trouble$ (7)	$Trouble$ (8)
$Risk$	0.003** [1.992]				0.002* [1.683]			
$Risk1$		0.039*** [2.998]				0.016** [2.087]		
$Risk2$			0.002* [1.636]				−0.026 [−0.200]	
$Risk3$				0.018* [1.700]				−0.014 [−0.990]
$lnResource$	0.061* [1.607]	0.061* [1.701]	0.060* [1.707]	0.060* [1.807]	0.024 [0.013]	0.025 [0.013]	0.024 [0.013]	0.025 [0.013]

续表

变量	能源行业失败概率 Probit 回归结果				非能源行业失败概率 Probit 回归结果			
	Trouble (1)	Trouble (2)	Trouble (3)	Trouble (4)	Trouble (5)	Trouble (6)	Trouble (7)	Trouble (8)
$\ln Hightech$	−0.055 [−0.005]	−0.056 [−0.005]	−0.055 [−0.005]	−0.056 [−0.005]	0.012 [0.010]	0.012 [0.010]	0.010 [0.011]	0.013 [0.011]
$\ln GDP$	0.020* [1.657]	0.017* [1.658]	0.015 [0.057]	0.018 [0.056]	−0.045 [−0.121]	−0.037 [−0.123]	−0.033 [−0.120]	−0.040 [−0.119]
$\ln Gdprate$	−0.040 [−0.021]	−0.039 [−0.021]	−0.038 [−0.021]	−0.040 [−0.021]	0.085** [2.062]	0.085** [2.043]	0.082** [2.063]	0.085** [2.052]
DTT	−0.041* [−1.701]	−0.003* [−1.809]	−0.167** [−2.006]	−0.052* [−1.887]	−0.088* [−1.692]	−0.007* [−1.676]	−0.045 [−0.913]	−0.023 [−0.801]
$\ln OFDI$	0.270*** [4.266]	0.267*** [4.266]	0.283*** [4.268]	0.260*** [4.271]	0.287*** [3.550]	0.284*** [4.549]	0.216*** [4.554]	0.268*** [3.560]
$State$	0.099 [0.411]	0.109 [0.444]	0.201 [0.426]	0.215 [0.408]	−0.301 [−0.981]	−0.339 [−0.040]	−0.337 [−0.994]	−0.358 [−0.969]
_cons	−1.809*** [−2.677]	−1.987*** [−2.778]	−1.786*** [−2.987]	−1.905*** [−2.998]	−1.346*** [−2.987]	−1.897*** [−3.060]	−1.542*** [−2.998]	−1.723*** [−2.969]
年份效应	控制	控制	控制	控制	控制	控制	控制	控制
N	370	370	370	370	519	519	519	519

注 括号内为 t 值,***、**、* 分别代表 1%、5%、10% 的显著性水平。

表 6-10 分行业投资失败规模回归结果

变量	能源行业失败规模 Tobit 回归结果				非能源行业失败规模 Tobit 回归结果			
	$\ln Trouble$ (1)	$\ln Trouble$ (2)	$\ln Trouble$ (3)	$\ln Trouble$ (4)	$\ln Trouble$ (5)	$\ln Trouble$ (6)	$\ln Trouble$ (7)	$\ln Trouble$ (8)
$Risk$	0.678** [1.692]				0.408* [1.843]			
$Risk1$		1.998*** [1.998]				1.542** [2.087]		
$Risk2$			1.008* [1.736]				−1.706 [−0.029]	
$Risk3$				0.009* [1.700]				−4.014 [−0.990]

续表

变量	能源行业失败规模 Tobit 回归结果				非能源行业失败规模 Tobit 回归结果			
	ln*Trouble*（1）	ln*Trouble*（2）	ln*Trouble*（3）	ln*Trouble*（4）	ln*Trouble*（5）	ln*Trouble*（6）	ln*Trouble*（7）	ln*Trouble*（8）
ln*Resource*	0.042* [1.607]	0.041* [1.607]	0.040* [1.607]	0.040* [1.807]	−0.004 [−0.013]	−0.025 [−0.013]	−0.004 [−0.013]	−0.005 [−0.013]
ln*Hightech*	−0.005 [−0.045]	−0.006 [−0.065]	−0.005 [−0.075]	−0.006 [−0.074]	0.002* [1.610]	0.002* [1.610]	0.003* [1.611]	0.013* [1.611]
ln*GDP*	0.040* [1.757]	0.047* [1.758]	0.045 [0.150]	0.048 [0.346]	−0.025 [−0.121]	−0.027 [−0.123]	−0.023 [−0.120]	−0.020 [−0.119]
ln*Gdprate*	−0.030 [−0.041]	−0.029 [−0.041]	−0.028 [−0.041]	−0.020 [−0.041]	0.035** [2.042]	0.035** [2.043]	0.032** [2.043]	0.036** [2.042]
DTT	−0.131* [−1.701]	−0.103* [−1.809]	−0.107** [−2.006]	−0.152** [−1.987]	−0.008* [−1.692]	−0.107* [−1.876]	−0.145* [−1.813]	−0.123* [−1.801]
ln*OFDI*	0.290*** [4.266]	0.297*** [4.260]	0.293*** [4.269]	0.280*** [4.271]	0.297*** [3.550]	0.294*** [3.589]	0.296*** [3.504]	0.298*** [3.360]
State	−0.089 [−0.101]	−0.099 [−0.144]	−0.081 [−0.126]	−0.095 [−0.108]	−0.101 [−0.181]	−0.039 [−0.140]	−0.037 [−0.194]	−0.058 [−0.169]
_cons	−0.487*** [−3.008]	−0.276*** [−3.876]	−0.489*** [−3.654]	−0.234*** [−3.876]	−0.423*** [−3.229]	−0.231*** [−3.778]	−0.345*** [−3.564]	−0.189*** [−3.001]
年份效应	控制	控制	控制	控制	控制	控制	控制	控制
N	376	376	376	376	566	566	566	566

注　括号内为 t 值，***、**、* 分别代表 1%、5%、10% 的显著性水平。

东道国政治风险 $Risk1$ 的估计系数均显著为正，能源行业回归中的估计系数值和显著性均大于非能源行业，这说明无论是能源行业还是非能源行业，东道国政治风险都是"一带一路"项目投资失败的主要风险因素，东道国政治风险对能源行业的负面影响更大一些。通过对能源行业失败项目风险来源的追踪也可以看出，东道国出于国家安全、资源保护等因素考虑，通过随意改变投资政策，出台国际投资保护等行为给中国企业设置投资障碍，这也就造成了能源行业由于东道国政治风险导致的项目投资失败。

能源行业的东道国经济风险 $Risk2$ 的估计系数和社会风险 $Risk3$ 的估计系数都在 10% 的置信区间显著为正，非能源行业东道国经济风险系数和社会风险系数都不显著且为负，这表明东道国经济风险和社会风险显著增加了能源行业项目投资失败的概率和规模，但并未显著增加非能源行业项目投资失败的概率和规模。原因主要有以下几方面：第一，能源行业基于资源寻求目的，项目所在东道国大多经济水平不高、社会治安环境较差，经济和社会风险相对较大，投资失败的可能性就更高，这一点在基准回归结果中的项目规模系数也可以看出；第二，能源行业项目大多投资规模比较大，经济风险高的国家又进一步加大项目运营成本，一旦出现经济波动情况，投资收益将很难保证，项目也难以维系；第三，社会风险往往通过民众反对、抗议等风险事件释放，出于资源保护主义、国家民族安全以及环境保护等因素的考虑，能源行业往往是民众反对的主要行业，因此在社会风险高的国家进行能源项目投资，项目被无限期延期乃至搁浅的概率很大，这就导致项目投资失败的概率和规模也远高于其他行业。

在控制变量中，与基准回归结果相比，资源水平 $Resource$ 的估计系数在能源行业显著为正，在非能源行业变得不显著，说明在资源丰富的东道国，能源行业的项目投资更容易失败。这是因为中国企业对能源行业的项目投资大多为了追求东道国丰富的资源，而这些东道国大多风险较高，有些国家对外资进入能源行业是热情的，而有的国家出于各方面的考虑以及第三国的阻挠，对能源行业设置更高的进入障碍，由此导致在这些能源丰富的国家"一带一路"能源项目更容易投资失败。东道国 GDP 总量的估计系数在表 6-9 和表 6-10 中的列（1）、（2）显示在 10% 的置信区间显著为正，表明东道国的市场规模增大了能源行业项目投资失败的概率和规模，这是因为"一带一路"能源行业有一定的市场寻求的动机，大多分布在市场规模较大的东道国，投资数量越多，规模越大，项目投资失败的可能性就越高。反映东道国经济发展水平的 $Gdprate$ 估计系数在能源行业不显著为负，在非能源行业依旧显著为正，这表明在经济发展水平相对高的国家，非能源行业更容易投资失败，经济发展水平相对高的东道国可能对非能源行业的外资进入设置更高的障碍，这也再次说明"一带一路"能源项目所在国家大多经济落后，经济发展水平较低。其余控制变量跟基准回归结果大体一致。

（2）投资主体所有制异质性分析。

东道国风险对中国"一带一路"项目投资成效的影响，也可能会因为投资主体的所有制属性产生异质性。前文特征事实显示国有企业项目投资失败比例明显偏高。为进一步验证东道国各维度风险对不同投资主体"一带一路"项目投资成效的影响，本章将失败项目按照投资主体的所有制属性分为国有企业和非国有企业进行异质性检验。

表 6-11 和表 6-12 报告了分投资主体项目投资失败概率和规模的回归结果。由回归结果可以看出，东道国综合风险 $Risk$ 的估计系数在国有企业和非国有企业都与基准回归结果基本一致，表明东道国综合风险显著地增大了"一带一路"项目投资失败的概率和规模，无论是国有企业还是非国有企业。系数的大小和显著性都反映出东道国综合风险对国有企业项目投资失败的影响程度要更大一些。

东道国政治风险 $Risk1$ 的估计系数在国有企业和非国有企业都显著为正，在国有企业的估计系数和显著性上都比非国有企业大，表明东道国政治风险对"一带一路"项目投资失败的影响，在国有企业方面体现得更明显。这是因为对"一带一路"项目投资的企业中，绝大多数都是国有企业，投资越多，发生失败的现象就会更明显。

东道国经济风险 $Risk2$ 的估计系数在国有企业分组中不显著为正，非国有企业分组中在 10% 的置信区间显著为负，这说明东道国经济风险对"一带一路"项目投资的负面影响主要体现在非国有企业方面，这也表明经济发展水平较高的国家对"一带一路"项目投资失败的影响可能主要表现在非国有企业方面。这是因为国有企业对"一带一路"项目投资的市场动机较弱,因此项目投资失败受东道国经济风险的影响较弱。通过对非国有企业失败项目的追踪发现,失败项目所在国主要分布在新加坡、沙特阿拉伯、菲律宾、以色列等经济风险相对较小的国家,这也进一步说明经济发展水平较高的共建国家可能会通过提高准入门槛、税收以及项目标准等措施限制外资进入,从而导致项目投资失败。

表6−11 分投资主体投资失败概率回归结果

变量	国有企业失败概率Probit回归结果				非国有企业失败概率Probit回归结果			
	Trouble(1)	Trouble(2)	Trouble(3)	Trouble(4)	Trouble(5)	Trouble(6)	Trouble(7)	Trouble(8)
$Risk$	0.003** [1.692]				0.002* [1.743]			
$Risk1$		0.038*** [2.998]				0.010* [1.687]		
$Risk2$			0.002 [0.236]				−0.006* [−0.290]	
$Risk3$				0.009 [1.500]				0.028* [1.910]
$\ln Resource$	0.033* [1.781]	0.045* [1.890]	0.067* [1.778]	0.060* [1.778]	0.004 [0.009]	0.005 [0.010]	0.104 [0.009]	0.225 [0.023]
$\ln Hightech$	−0.075 [−0.066]	−0.076 [−0.076]	−0.075 [−0.096]	−0.076 [−0.105]	0.002 [0.019]	0.002 [0.017]	0.011 [0.018]	0.011 [0.018]
$\ln GDP$	−0.070 [0.057]	−0.077 [0.058]	−0.075 [0.057]	−0.078 [0.056]	−0.055 [0.121]	−0.027 [0.123]	−0.023 [0.120]	−0.020 [0.119]
$\ln Gdprate$	0.090* [1.681]	0.099* [1.681]	0.098* [1.681]	0.090* [1.681]	0.085** [1.982]	0.085** [1.983]	0.082** [1.983]	0.085** [2.042]
DTT	−0.241* [−1.761]	−0.203* [−1.899]	−0.267** [−2.096]	−0.252* [−1.907]	−0.188* [−1.692]	−0.107* [−1.876]	−0.145* [−1.813]	−0.123* [−1.801]
$\ln OFDI$	0.370*** [4.266]	0.367*** [4.266]	0.383*** [4.268]	0.360*** [4.271]	0.207 [0.650]	0.214 [0.549]	0.206 [0.554]	0.208 [0.660]
$State$	0.009* [1.611]	0.109* [1.644]	0.031 [0.426]	0.015 [0.408]	−0.301 [−0.981]	−0.339 [−0.040]	−0.337 [−0.994]	−0.358 [−0.969]
_cons	−1.909*** [−3.533]	−1.967*** [−3.548]	−1.986*** [−3.539]	−1.915*** [−3.528]	−1.046*** [−2.680]	−1.097*** [−2.609]	−1.042*** [−2.650]	−1.023*** [−2.634]
年份效应	控制	控制	控制	控制	控制	控制	控制	控制
N	762	762	762	762	127	127	127	127

注 括号内为t值,***、**、*分别代表1%、5%、10%的显著性水平。

表 6-12　分投资主体投资失败规模回归结果

变量	国有企业失败规模 Tobit 回归结果				非国有企业失败规模 Tobit 回归结果			
	ln*Trouble*（1）	ln*Trouble*（2）	ln*Trouble*（3）	ln*Trouble*（4）	ln*Trouble*（5）	ln*Trouble*（6）	ln*Trouble*（7）	ln*Trouble*（8）
Risk	0.503** [2.492]				0.411* [1.643]			
*Risk*1		1.739*** [2.998]				1.016* [1.787]		
*Risk*2			−1.502 [−0.236]				−1.026 [−0.709]	
*Risk*3				4.018 [0.700]				3.004 [0.890]
ln*Resource*	0.032* [1.907]	0.031** [1.906]	0.030* [1.901]	0.050* [1.957]	0.004 [0.073]	0.005 [0.053]	0.004 [0.063]	0.005 [0.043]
ln*Hightech*	−0.015 [−0.033]	−0.006 [−0.033]	−0.005 [−0.034]	−0.016 [−0.035]	0.002 [0.014]	0.002 [0.015]	0.004 [0.011]	0.003 [0.014]
ln*GDP*	−0.050 [−0.057]	−0.047 [−0.058]	−0.055 [−0.057]	−0.068 [−0.056]	−0.045 [−0.121]	−0.037 [−0.123]	−0.033 [−0.120]	−0.040 [−0.119]
ln*Gdprate*	0.040* [1.721]	0.059* [1.621]	0.058* [1.721]	0.050* [1.781]	0.045** [2.042]	0.045** [2.043]	0.042** [2.045]	0.045** [2.046]
DTT	−0.110* [−1.701]	−0.113* [−1.809]	−0.107** [−2.006]	−0.152** [−1.987]	−0.089* [−1.692]	−0.006* [−1.976]	−0.075 [−0.913]	−0.043 [−0.801]
Ln*OFDI*	0.271*** [4.266]	0.267*** [4.266]	0.280*** [5.208]	0.260*** [3.271]	0.283*** [2.590]	0.280*** [2.589]	0.216*** [2.594]	0.268*** [2.590]
State	0.069 [0.411]	0.109 [0.444]	0.071 [0.426]	0.075 [0.408]	−0.051 [−0.981]	−0.039 [−0.040]	−0.037 [−0.994]	−0.058 [−0.969]
_cons	−0.809*** [−3.009]	−0.986*** [−3.127]	−0.785*** [−2.965]	−0.904*** [−2.687]	−0.345*** [−2.700]	−0.896*** [−2.598]	−0.541*** [−2.908]	−0.722*** [−2.789]
年份效应	控制	控制	控制	控制	控制	控制	控制	控制
N	807	807	807	807	135	135	135	135

注　括号内为 t 值，***、**、* 分别代表 1%、5%、10%的显著性水平。

社会风险 *Risk*3 的估计系数跟基准回归结果基本一致，国有企业与非国有企业未表现出明显差异，表明东道国社会风险对"一带一路"项目投资成效的影响不明显。

在控制变量中，与基准回归结果相比，资源水平 Resource 的估计系数在非国有企业中变得不显著，说明东道国资源条件不是非国有企业项目投资失败的主要因素。项目投资规模 OFDI 的估计系数在非国有企业中变得不显著，表明"一带一路"项目投资规模的扩大主要是国有企业做的贡献。其他控制变量没有发生明显变化。

6.4 拓展性讨论

前文通过实证检验了东道国各维度风险对中国"一带一路"项目投资成效的影响，研究结论表明东道国综合风险显著增大了"一带一路"项目投资失败的概率和规模。为降低项目投资失败率，进一步探讨"一带一路"倡议以及双边投资协定在两者关系中的调节效应是必要的。基于前文的实证结论，东道国风险对"一带一路"项目投资失败概率与规模的影响在显著性和方向上结论基本保持一致，因此接下来只从投资失败概率方面讨论"一带一路"倡议和双边投资协定在东道国风险与"一带一路"项目投资成效之间的调节效应。

6.4.1 "一带一路"倡议的调节效应

为检验"一带一路"倡议对东道国风险影响"一带一路"项目投资成效的调节效应，本章在模型（6-1）的基础上，加入"一带一路"倡议及其与东道国各维度风险的交互性进行检验，首先构建如下模型：

$$Prob(Trouble_{ijt}=1)=\alpha+\beta_1 Risk_{it} \times BRI_{it}+\beta_2 X_{it}+\beta_3 P_{ijt}+\beta_4 BRI_{ijt}+\mu_t+\varepsilon_{ijt} \quad (6-3)$$

式中，$Risk_{it} \times BRI_{ijt}$ 表示"一带一路"倡议与东道国风险各维度的交互项，其他符号含义与前文一致。

基准回归参照模型（6-1）依旧采用 Probit 模型，相关变量描述性统计与相关系数检验见表6-2、表6-3，符合回归基本条件。

表6-13报告了"一带一路"倡议调节效应的回归结果。由回归结果可以看出，"一带一路"倡议 BRI 的估计系数都显著为负，表明"一带一路"倡议显著降低了"一带一路"项目投资失败的概率。

东道国综合风险与"一带一路"倡议的交互项 $Risk \times BRI$ 的估计系数在10%的置信区间显著为负，说明"一带一路"倡议对东道国综合风险的影响与"一带一路"项目投资失败之间存在调节效应，并且表现为干扰作用，这表明"一带一路"倡议降低了东道国综合风险对"一带一路"项目投资失败的正向影响，有助于提高项目投资成功率。东道国政治风险与"一带一路"倡议的交互项 $Risk1 \times BRI$ 的估计系数在1%的置信区间显著为负，表明"一带一路"倡议弱化了东道国政治风险对"一带一路"项目投资失败的正向影响。这可能是由于"一带一路"倡议的"五通"合作模式，通过政策沟通在制度层面上加强与东道国之间的政治互信，削弱了由于东道国综合风险和政治风险对"一带一路"项目投资成效的负面影响；通过设施联通、贸易畅通等举措促进"一带一路"项目投资的便利性，进而削弱一部分由于东道国风险引发的项目成本增加而导致项目投资失败的现象。

表6-13 东道国风险、"一带一路"倡议与项目投资失败概率回归结果

变量	Trouble (1)	Trouble (2)	Trouble (3)	Trouble (4)
$Risk$	0.026* [1.808]			
$Risk \times BRI$	−0.025* [−1.887]			
$Risk1$		0.032*** [2.801]		
$Risk1 \times BRI$		−0.009*** [−2.596]		
$Risk2$			−0.043 [−0.692]	
$Risk2 \times BRI$			−0.018 [−0.904]	
$Risk3$				0.171 [0.806]
$Risk3 \times BRI$				−0.005 [−0.754]
BRI	−0.115** [−2.098]	−0.068*** [−2.887]	−0.046*** [2.654]	−0.679** [−2.019]
$\ln Resource$	0.046* [1.681]	0.053* [1.168]	0.047 [1.026]	0.060 [0.968]
$\ln Hightech$	−0.043 [−0.325]	−0.046 [−0.527]	−0.043 [−0.562]	−0.052 [−0.300]
$\ln GDP$	−0.050 [−0.306]	−0.082 [−0.346]	−0.059 [−0.410]	−0.055 [−0.421]
$\ln Gdprate$	0.092* [1.749]	0.062* [1.831]	0.086 [0.172]	0.085 [0.092]
DTT	−0.234* [−1.701]	−0.226* [−1.782]	−0.225*** [−2.721]	−0.222* [−1.705]
$\ln OFDI$	0.291*** [3.778]	0.301*** [3.051]	0.294*** [3.005]	0.287*** [3.461]
$State$	−0.165 [−0.009]	−0.199 [−0.178]	−0.150 [−0.067]	−0.168 [−0.120]
_cons	−1.951*** [−3.211]	−1.179*** [−3.074]	−1.616*** [−3.014]	−2.268*** [−2.854]
年份效应	控制	控制	控制	控制
N	889	889	889	889

注 括号内为t值，***、**、*分别代表1%、5%、10%的显著性水平。

东道国经济风险、社会风险与"一带一路"倡议的交互项 $Risk2 \times BRI$、$Risk3 \times BRI$ 的估计系数均未通过显著性检验,说明"一带一路"倡议对东道国经济风险和社会风险与"一带一路"项目投资成效的关系不具有明显的调节效应。

控制变量与前文基准回归相比,没有表现出明显变化,说明控制变量的回归结果比较稳健。

综上可以得出,"一带一路"倡议作为顶层设计的海外投资政策,通过"政策沟通、设施联通、贸易畅通、资金融通、民心相通"的"五通"合作模式,确实起到了降低"一带一路"项目投资失败率的作用以及通过缓解东道国综合风险和政治风险对"一带一路"项目投资失败正向影响的调节效应,但对东道国经济风险和社会风险对"一带一路"项目投资失败影响的调节效应很有限。

6.4.2 双边投资协定的调节效应

为验证双边投资协定对东道国风险影响中国"一带一路"项目投资成效的调节效应,在回归模型(6-1)的基础上分别加入双边投资协定 BIT 与东道国各维度风险的交互项。首先构建如下模型:

$$Prob(Trouble_{ijt}=1) = \alpha + \beta_1 Risk_{it} \times BIT_{it} + \beta_2 X_{it} + \beta_3 P_{ijt} + \beta_4 BIT_{it} + \mu_t + \varepsilon_{ijt} \quad (6-4)$$

式中,$Risk_{it} \times BIT_{it}$ 表示双边投资协定与东道国各维度风险的交互项,其他符号含义与前文一致。

基准回归参照模型(6-1)依旧采用 Probit 模型,变量描述性统计与相关系数检验见表 6-2、表 6-3,符合回归基本条件。

表 6-14 报告了双边投资协定调节效应的回归结果。由回归结果可以看出,双边投资协定 BIT 的估计系数都显著为负,表明双边投资协定的签订显著降低了"一带一路"项目投资失败的概率。

东道国综合风险与双边投资协定的交互项 $Risk \times BIT$ 的估计系数在 5% 的置信区间显著为负,说明双边投资协定对东道国风险与"一带一路"项目投资失败之间存在调节效应,并且表现为干扰作用,这表明双边投资协定弱化了东道国综合风险对"一带一路"项目投资失败的正向影响,有助于提高项目投资成功率。东道国政治风险与双边投资协定的交互项 $Risk1 \times BIT$ 的估计系数在 1% 的置信区间显著为负,表明双边投资协定弱化了由于东道国政治风险对"一带一路"项目投资失败的正向影响。

在回归结果中经济风险 $Risk2$ 的估计系数为负,说明东道国经济风险没有增加"一带一路"项目投资失败的概率,东道国经济风险与双边投资协定的交互项 $Risk2 \times BIT$ 的估计系数在 10% 的置信水平上显著为正,表明双边投资协定增强了东道国经济风险对"一带一路"项目投资失败率的负向影响,这可能是因为双边投资协定通过信号效应增强了企业抗经济风险的能力,从而降低了"一带一路"项目投资失败的概率。

东道国社会风险与双边投资协定交互项 $Risk3 \times BIT$ 的估计系数未通过显著性检验,

说明双边投资协定对东道国社会风险与"一带一路"项目投资失败的关系不具有明显的调节效应。这可能是因为双边投资协定作为一种正式的制度安排,对东道国社会风险表现出的文化差异、宗教习俗等一些人文环境的影响不显著。

控制变量与前文基准回归相比,没有表现出明显变化,说明控制变量的回归结果比较稳健。

综上可以得出,双边投资协定作为规范东道国与母国之间投资事项的正式制度安排,在降低"一带一路"项目投资失败率、缓解东道国综合风险、政治风险对"一带一路"项目投资失败的正向影响以及增强投资主体抗经济风险能力方面的作用显著,但对东道国社会风险与"一带一路"项目投资成效的关系不具有明显的调节效应。

表 6-14 东道国风险、双边投资协定与项目投资失败概率回归结果

变量	Trouble (1)	Trouble (2)	Trouble (3)	Trouble (4)
$Risk$	0.006* [1.808]			
$Risk \times BIT$	−0.025* [−1.887]			
$Risk1$		0.041** [2.001]		
$Risk1 \times BIT$		−0.009*** [2.996]		
$Risk2$			−0.013 [−0.692]	
$Risk2 \times BIT$			0.018* [1.704]	
$Risk3$				0.071 [1.006]
$Risk3 \times BIT$				−0.005 [−0.754]
BIT	−0.115** [−2.089]	−0.068** [−2.088]	−0.046** [−2.341]	−0.679* [−2.009]
$\ln Resource$	0.046* [1.681]	0.053* [1.868]	0.047 [1.026]	0.060 [0.968]
$\ln Hightech$	−0.043 [−0.325]	−0.046 [−0.527]	−0.043 [−0.562]	−0.052 [−0.300]
$\ln GDP$	−0.050 [−0.306]	−0.082 [−2.346]	−0.059 [−0.410]	−0.055 [−0.421]
$\ln Gdprate$	0.092* [1.749]	0.062* [1.731]	0.086* [1.672]	0.085 [1.892]

续表

变量	Trouble（1）	Trouble（2）	Trouble（3）	Trouble（4）
DTT	−0.234*	−0.226*	−0.225***	−0.222*
	[−1.701]	[−1.782]	[−2.721]	[−1.705]
$\ln OFDI$	0.291***	0.301***	0.294***	0.287***
	[4.778]	[4.051]	[4.005]	[4.461]
$State$	−0.105	−0.129	−0.152	−0.138
	[−0.087]	[−0.047]	[−0.098]	[−0.037]
_cons	−1.951***	−1.179***	−1.616***	−2.268***
	[−3.001]	[−3.094]	[−3.004]	[−2.859]
年份效应	控制	控制	控制	控制
N	889	889	889	889

注 括号内为 t 值，***、**、* 分别代表1%、5%、10%的显著性水平。

6.5 本章小结

本章首先对 2005～2019 年中国在"一带一路"共建国家项目投资失败的特征事实进行统计整理，然后对失败项目所在国的风险事实进行统计分析，最后实证检验东道国各维度风险对中国"一带一路"项目投资失败概率和规模的影响，在此基础上进一步探讨"一带一路"倡议和双边投资协定对东道国风险影响"一带一路"项目投资成效的调节效应。主要结论如下：

（1）中国在"一带一路"共建国家投资失败的项目大多发生在综合风险偏高的国家，尤其是政治风险以及社会风险偏高的国家。

（2）实证结果显示：东道国综合风险和政治风险对"一带一路"项目投资失败的概率和规模表现为显著的正向影响，东道国经济风险对"一带一路"项目投资失败的概率和规模未通过显著性检验且表现为负向影响，东道国社会风险对"一带一路"项目投资失败概率和规模的影响在统计意义上不显著且表现为正向影响。

（3）实证结果显示：东道国风险对"一带一路"项目投资成效的影响因行业和投资主体不同表现出异质性。东道国综合风险、政治风险、经济风险与社会风险均显著增大了能源行业项目投资失败的概率和规模，东道国综合风险、政治风险显著增大了非能源行业项目投资失败的概率和规模，东道国经济风险和社会风险对非能源行业项目成效的影响不显著；东道国综合风险和政治风险显著增大了无论是国有企业还是非国有企业项目投资失败的概率和规模，东道国经济风险与社会风险对国有企业项目投资成效的影响不显著，东道国经济风险反而降低了非国有企业项目投资失败的概率和规模，东道国社会风险显著增大了非国有企业项目投资失败的概率和规模。

（4）"一带一路"倡议以及双边投资协定对东道国风险影响"一带一路"项目投资成效具有显著的调节效应。"一带一路"倡议弱化了东道国综合风险和政治风险对项目投资失败的正向影响，降低了项目投资失败率。"一带一路"倡议对东道国经济风险和社会风险对项目投资成效的影响不具有明显的调节效应；双边投资协定弱化了东道国综合风险和政治风险对项目投资失败的正向影响，降低了项目投资失败率，增强了东道国经济风险对项目投资失败的负向影响，从而降低了项目投资失败率，对东道国社会风险与项目投资成效的关系不具有明显的调节效应。

第 7 章
海外项目风险防范策略

前文研究结果显示，中国对"一带一路"共建国家的项目投资大多流入了高风险的国家，且具有"风险偏好"的特征，这就意味着"一带一路"项目风险暴露水平较高，且客观存在。东道国风险显著增加了"一带一路"项目投资失败的概率和规模，"一带一路"倡议、双边投资协定对东道国风险影响"一带一路"项目投资失败具有显著的干扰调节效应。基于上述研究结论，本章将以"一带一路"项目风险形成框架为基础，从东道国风险治理以及降低项目脆弱性角度分析"一带一路"项目风险防范策略。

7.1 "一带一路"项目风险形成框架

7.1.1 海外投资项目风险的传导路径

风险是一系列过程所带来的结果，这一过程由多种威胁和脆弱性所驱动（Zsidisin, et al., 2003）。风险的传导路径往往是由状态到风险事件再到威胁最后发展成风险的演化过程。海外投资项目风险一般会沿着"国家风险源—东道国投资环境变化—风险事件—威胁—风险后果"的路径进行传导，传导路径见图7-1。

| 国家风险源 | → | 东道国投资环境变化 | → | 风险事件 | → | 威胁 | → | 风险后果 |

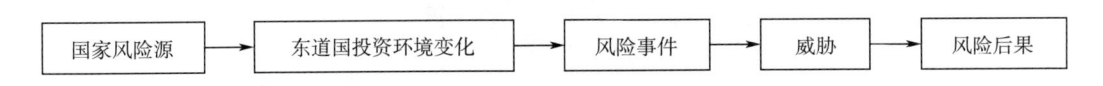

图7-1 海外投资项目风险传导路径

其中，国家风险源主要来源于东道国政治、经济、社会等方面的状态。这些状态的变化或在某一临界水平上的累积会导致东道国系统内部或者外部的变化，进而导致东道国投资环境发生变化，而当东道国内部及外部的政府或者社会组织做出某些直接或者间接的反应时，就会引发风险事件。风险事件是风险传导的诱因，可以触发风险源释放出风险流，当风险事件触发东道国的风险源释放出风险流后，将会对海外投资项目的正常经营、机会、收益等产生威胁，当威胁转化为危害项目的安全或收益的具体行动时，项目风险就产生了。

7.1.2 海外投资项目的脆弱性

脆弱性通常被认为是一种抵抗能力（Dow, 1992; Vogel, 2007）。海外投资项目的脆弱性可以用来描述项目系统对风险形成过程的影响。Zhang（2007）、李启明等（2016）一些学者认为,只有当项目的脆弱性与风险事件交互时才能产生风险后果,项目脆弱性对项目风险的形成路径可以表现为桥梁或促进作用,也可以表现为阻断或者抑制作用,这取决于特定项目脆弱性的大小和特点。

海外投资项目的脆弱性可以从风险暴露与风险应对能力两方面来衡量。风险暴露主要是由项目固有的特征所决定的,即项目一旦确定,其风险暴露水平就随之确定,即暴露于东道国投资环境的位置和程度;项目风险应对能力主要是指项目的主观能动性,项目管理者可以通过提高项目风险应对能力来对项目风险暴露进行弥补。因此,投资主体可以通过提高项目风险应对能力来降低项目的脆弱性,进而达到阻断或者抑制项目风险的形成,最终减少或规避由于风险事件导致的项目损失。据此,可以构建如图7-2所示的"一带一路"项目风险形成框架。

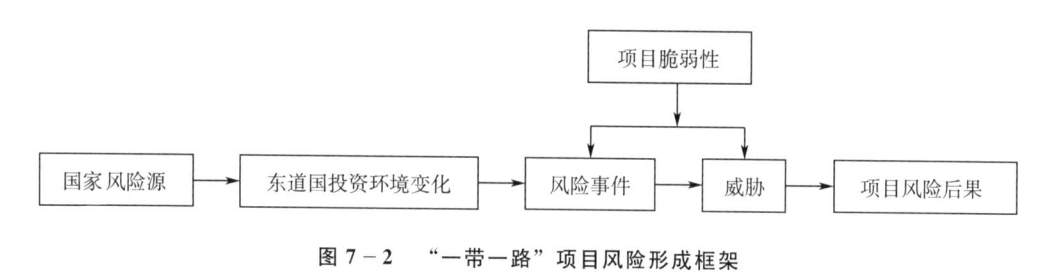

图7-2 "一带一路"项目风险形成框架

7.2 "一带一路"项目风险案例分析

根据上述"一带一路"项目风险形成框架,东道国风险与项目脆弱性的相互作用决定了"一带一路"项目风险的发生、发展和结果。因此,中国企业在"一带一路"共建国家进行项目投资时,投资者不仅要关注东道国客观存在的投资环境,还需注意预测与防控由于环境突变引致的风险事件。现有文献对导致海外投资项目失败或者损失的风险事件以及项目脆弱性的研究相对缺乏,因此,本章将对"一带一路"已宣告失败的项目进行风险事件及项目脆弱性的梳理,并对在建项目可能面临的风险事件进行预测,以期通过提高项目风险应对能力来降低项目脆弱性,最终达到防控风险的目的。

7.2.1 数据来源与研究方法

(1)数据来源。

本章风险案例数据来源于"中国全球投资追踪"数据库所记录的2005~2019年中国企业发生在"一带一路"共建31个国家的80项失败项目。针对"一带一路"在建项目可能面临的风险事件,本章采用 GDELT(Global Database of Events, Language, and Tone)数据库,信息来自全球超过 100 种语言的包括印刷、广播、网页等形式的媒体数据,它是目前全球最大的免费开放新闻事件数据库,记录了全世界 300 多种活动(Physical activities)事件,每 15 分钟更新一次。

(2)研究方法。

借鉴已有研究(张晓涛等,2019;秦昆,2019;邓美薇,2020),本章采用文本挖掘、案例分析和文献研究相结合的方法对风险事件以及项目脆弱性进行梳理与分析。首先,对第 4 章挖掘出的与失败项目有关的文本信息进行筛选、梳理和分析,建立"一带一路"失败项目数据库,其主要包括项目名称、投资主体、投资规模、风险事件和失败原因等信息;其次,通过 GDELT 数据库,对其进行文本分析提取出与"一带一路"在建项目相关的人物、地点、组织和事件等关键信息,实现在规定时间对指定关键词新闻的数量进行统计,根据新闻数量呈现特征,梳理出在建项目的可能面临的新型风险事件;最后,对失败项目以及在建项目的风险事件、项目脆弱性进行分析和梳理。

7.2.2 失败项目的风险形成

通过对 80 项失败项目进行检索、收集、整理、分析发现,"一带一路"失败项目的损失主要集中在:项目投资前期费用损失,项目被迫中断、搁浅造成的损失,项目在实施过程中无利可图被迫放弃造成的损失,项目经济效益低下被迫放弃造成的损失。这些失败项目所造成的损失大多无法挽回,且多数是由于东道国风险引致的风险事件以及项目自身脆弱性诱发的项目风险后果相关。

(1)风险事件。

东道国政治不稳定、政府违约等政治因素是导致"一带一路"项目失败、亏损的主要风险因素,有超过一半的失败项目是由于东道国政治事件所致。比如,2014 年,泰国反独裁民主联合阵线同泰国政府产生冲突,政治动荡导致长城汽车投资的生产基地项目无限期推迟,给投资主体造成巨大的资金损失;2014 年,印度尼西亚政府以资源保护为由,频繁变动资源投资政策,导致中国企业在该国的多项能源与矿产项目的风险骤升,从而被迫放弃或终止,造成大量资金损失;2015 年,由于中日高铁之争,由中国交建投资的高铁项目被印度尼西亚政府拒绝,导致项目夭折;2013 年的叙利亚战争、阿富汗动乱、2014 年的苏丹内乱、2019 年的斯里兰卡恐怖主义等风险事件都给中国企业在当地的项目投资造成巨大威胁以及资金损失。

另外,中国企业在进行"一带一路"项目投资时所面临的东道国各维度风险可能会相互影响,比如政府更迭、政策不连续等政治风险会引发经济风险,而经济风险可能会导致某些社会风险的发生,比如民众不满意政府行为,游行、罢工等事件又会反作用于经济风险,从而引发联动风险事件,最后导致项目受阻或失败。

(2)项目脆弱性。

企业在项目本身的投融资战略、财务管理战略设计上存在缺陷，导致项目脆弱。据统计，80项失败项目中的19项是由于投资主体对于大型项目在战略设计上存在缺陷，事先对项目交易方就收购价格、权益分配、风险分担等问题未能达成一致，导致项目投资失败，给企业造成时间和金钱上的巨大损失。比如，2017年，中国铁路工程集团有限公司在马来西亚收购的Bandar Malaysia股权项目，由于未能满足2015年12月所达成的协议，导致交易无法完成，给投资主体造成损失。

企业未能处理好项目有关利益主体的关系，项目风险应对能力差，导致项目脆弱。中国企业与"一带一路"共建国家进行项目合作时，由于缺乏对项目有关利益主体的全面考量，导致一些大型合作项目失败。比如，2013年，中国北方工业公司在缅甸投资的莱比塘铜矿，由于未能处理好与当地政府、少数民族以及环境的关系，项目遭到民众抵触被迫修改合同，造成权益受损；2014年，越南民众暴乱，反华示威引发的打砸中资企业事件，导致中国企业投资的越南电力项目以及台塑河静钢厂项目最终搁浅，给投资主体造成巨额资金损失。

7.2.3 在建项目的风险形成

由于东道国不稳定的政治、经济、社会形势，美国加息，阿根廷等新兴国家货币大幅贬值，美国对中国发动的贸易战，"一带一路"在建项目危机加重。"一带一路"在建项目的风险形成可能表现在以下几个方面。

（1）风险事件。

一是东道国债务水平可能引发项目债务风险。一般来说，当东道国的公共债务明显在可持续方面难以为继时，投资收益与风险的平衡状态就被打破，海外投资违约风险骤增。从短期来看，过高的政府债务会随着外部不利因素引发债务危机，东道国一旦发生债务危机，就会继而引发经济、政治、社会等投资环境的进一步恶化，严重损害海外投资收益。从长期角度看，东道国过高的债务规模会带来沉重的还债压力，也会挤占本国的消费及投资需求，导致经济与市场萎缩，继而降低海外投资预期收益。

二是腐败问题。中国企业在"一带一路"共建国家进行项目投资时，时常会因为东道国的一些具体情况发生腐败问题。从短期来看，腐败活动可以给企业带来一定的短期效益，但从长期来看，其必然会付出沉重的代价，比如可能会遭到国际反腐败法律的规则或多边机构制裁，会造成国际声誉损失。2009～2015年，共有28家中资企业被世界银行列入"黑名单"。中国是"一带一路"的发起国、主导国及主要出资方，大量的中国资本流入"一带一路"共建国家的项目中，且涉及金额巨大，一旦出现腐败行为，产生恶劣影响，轻则影响投资收益，重则损害国家利益。

三是"一带一路"国际规则不完备带来的挑战。当前的"一带一路"混合融资模式，存在其固有的弊端。一方面，其在一定程度上模糊了援助项目与商业项目、优惠资金与商业资金之间的界限，由此导致援助项目没有获得对应的资金，而商业项目的经济效益也会因此受到负面影响。另一方面,"一带一路"项目推进时,企业的行为都需要在国际规则的框架内完成,而这需要企业"摸着石头过河"进行尝试,一旦出现需要协调国际规则的情形时,企业往往需要为此付出极高的成本。

(2) 项目脆弱性。

"跟风政策"式投资导致项目无法持续,从而加大项目风险暴露的可能性。自"一带一路"倡议提出以来,受政策导向的影响,一些企业以及金融机构对某些行业或者某些国家的投资过于集中,导致比较严重的产能过剩,极大地影响了项目投资收益,有的项目甚至亏损。比如,中巴经济走廊作为"一带一路"的标志性项目,致使大量能源电力设施项目短期在巴集中投资,而巴基斯坦的工业化和城镇化水平不足以消化这些产能,因此项目投资后期收益很难保证。据世界银行PPI数据库统计分析,中国企业在"一带一路"共建国家的基础设施项目总投资收益率主要在0.47%~1.11%,项目资本净利率在2.1%~5%,这种收益率很难保证项目的可持续性,项目债务违约风险极大。

不注重全面系统的可行性研究导致项目风险应对能力不足。比如,在电力短缺的国家建设电气化铁路;只考虑项目风险,不全面考虑项目所在国的经济金融风险以及债务水平,直接加大了项目本身的债务风险;匈塞铁路作为中东欧标志性项目,由于缺乏全面系统的可行性研究,由中国政府提供的专项优惠贷款无法得到审批,致使项目延期;企业在进行财务战略设计的时候不够清晰、准确,在操作层面缺乏可行性分析,导致对项目的盈利能力、偿债能力分析不足,进而导致项目债务风险的增加;中国进出口银行与中国国家开发银行在推进"一带一路"建设时,存在拒绝面向承包商进行公开竞争性投标的现象,把利润丰厚的合同留给国有企业,这就导致国有企业在投资时的预算软约束问题,最后造成项目经济效益低下,发生债务违约风险;有些项目的社会效益是好的,但是经济效益达不到预期,发生债务违约风险,这一类项目的主要问题是企业没有真正搞清楚项目的价值和意义所在,导致很多基建项目被赋予重要的战略意义,一般而言,绝大多数的项目都不应该单纯强调其战略意义,而同时要考虑商业可盈利与财务可持续。

7.3 "一带一路"项目风险应对举措

如果不积极应对"一带一路"项目现在面临的挑战,不及时化解项目风险,现有的在建项目也极有可能变成失败项目,不仅可能造成大量的资金损失,引发国际舆论,还有可能增大我国的政治、经济和社会风险。关于如何治理中国企业在"一带一路"共建国家进行项目投资时所面临东道国风险带来的不利影响,现有文献主要从国家治理和市场治理两个方向展开讨论,前者主要是通过国家外交来改善东道国的投资环境,后者主要是通过一系列风险对冲等市场工具来应对风险。本章在前文实证结论以及案例研究的基础上,提出一个"国家—企业—项目"互动与融合的"一带一路"项目风险防范模式,详见图7-3。

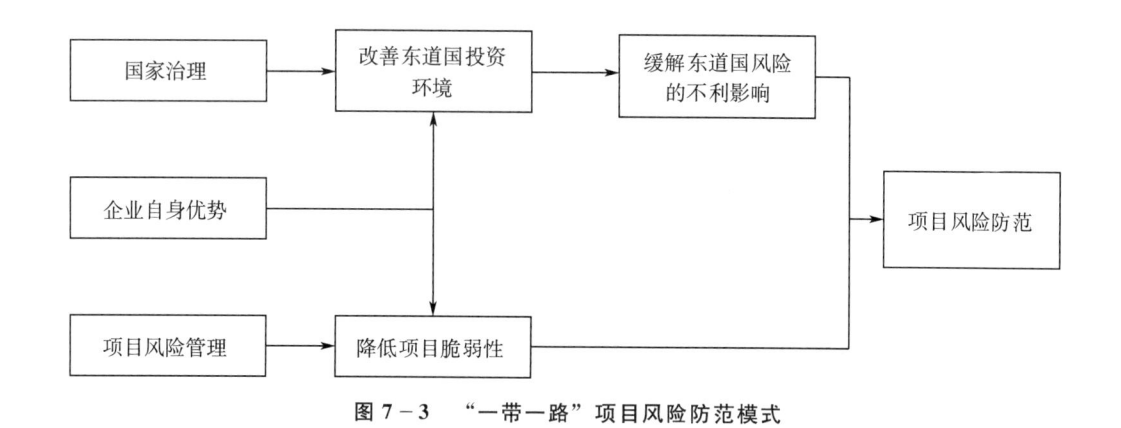

图 7-3　"一带一路"项目风险防范模式

7.3.1　国家层面

（1）继续深化"一带一路"倡议的国际传播，共建廉洁、绿色"一带一路"。

前文实证结果显示，"一带一路"倡议有助于促进中国对共建国家的项目投资，并能通过缓释东道国风险减少项目投资失败的概率，"一带一路"倡议的有效传播与共建将有助于"一带一路"建设的高质量发展。

第一，强化对外宣传工作，特别要强调"中国方案"的原则主张，营造健康的国际环境，要让全世界看到"一带一路"推进的建设成果，循序渐进地普及合作共赢理念。

第二，共建廉洁"一带一路"。在"一带一路"建设初期，项目投资风险相对较大，共建国家的参与度也不是很高，很多项目都是中国企业独自运行，加上亚投行的资金集中贷给中国国企成员，导致一些国外企业质疑"一带一路"招标以及建设过程的透明度。因此，要推进"一带一路"建设，必须优化国际合作项目的投资环境，坚决杜绝项目建设全过程的不透明问题。另外，由于腐败问题导致的项目亏损、延期、违约等现象，必须通过有效的反腐工作予以遏制。真正的海外投资项目反腐败工作必须向海外项目法制化保障方面推进和发展，构建透明与反腐的国际规则迫在眉睫。应遵守东道国关于反腐的法律法规，持续增加项目的透明度，坚决抵制项目腐败行为；还可以以《联合国反腐败公约》为框架不断探索适合"一带一路"项目的反腐败公约；另外海外项目的投融资信息和数据也应该及时披露。

第三，共建绿色"一带一路"。"一带一路"建设初期，部分中国企业在项目推进上急于求成，忽视了绿色发展理念的贯彻，致使有相当一部分项目启动后，因当地民众或NGO环保组织的反对而停工，由此遭受巨大的经济损失，也因此引起了国际上对"一带一路"倡议的质疑。所以，要推进"一带一路"建设，减少东道国社会风险带来的项目损失，应当将绿色发展理念贯穿始终，对标国际最佳绿色项目的标准，以联合国《巴黎协定》以及《2030可持续发展议程》作为总框架，同时针对不同的贷款来源项目，执行不同的绿色标准。

（2）签署高质量双边投资协定，加强与沿线各国的双边合作机制建设。

前文实证结果显示，双边投资协定能显著促进"一带一路"项目投资以及减少项目投资失败的概率，双边投资协定、税收协定等这些双边合作机制是对冲"一带一路"项目风险的有效手段。

第一，积极争取与更多的国家签署双边贸易协定（BIT）。双边投资协定的签订可以在制度上为中国企业"走出去"保驾护航，尤其是在制度风险高的东道国，双边投资协定可以通过缓释东道国风险减少对投资主体的威胁。同时，对现有签署的BIT体系进行查缺补漏，提升与东道国签署协定的质量，中国签署的大多数BIT是在2005年之前，缺少对海外投资企业保护的考虑，因此应通过新签订、修订、补充、升级或附加协定等提升BIT文本的质量，建立更加合理的协调机制，进一步强化BIT对海外投资企业的保护力度。

第二，不断加强和发展与"一带一路"共建各国的双边关系。可以通过加强与"一带一路"共建国家的领导人互访，发挥高层外交对双边关系的推动作用，也可以通过结成友好城市的方式，签订有利于保护投资和贸易的文件。

第三，积极主动参与新一代国际经贸规则的构建，提升在制定国际经贸规则中的话语权，积极签署高水平投资协定，促进投资便利化，完善投资争端解决机制，加强对本国海外投资企业的保护。

（3）加强"一带一路"项目债务的可持续性管理。

面对"一带一路"项目违约风险，必须加强项目债务的可持续管理，避免由于项目违约风险造成的巨额损失。

第一，完善"一带一路"项目债务管理制度。继续完善项目债务可持续分析的框架、流程、标准，以便提升企业进行项目债务风险管理水平，不断创新项目债务管理思路。比如：全方位考量贷款国的经济及债务规模，对重债穷国谨慎贷款，可以采用优惠度较高、赠与成分较多的官方发展援助；中国在为共建国家提供贷款或融资时，应明确附加条件，关注债务用途，以便有效管理资金在东道国的使用情况；在提供贷款时，应充分考虑东道国的实际情况以及项目的实际用途，细化贷款条件以及资金管理条例；在债务减免以及债务重组时，应根据项目以及东道国的实际情况进行，不能轻易采用"抹零"和消债的方式。

第二，为"一带一路"国家创造机遇，保持债务可持续。推进"一带一路"建设务必要尊重市场规律，确保项目投资主体在商业上的可持续，企业不应亏钱，但也不能为东道国造成财政赤字，否则项目也难以持续。为"一带一路"国家创造机遇才能保证共建"一带一路"的基本动力，才能在一定程度上保障项目债务的可持续。

由于部分共建国家资金极度短缺，政府通常没有充足的资金用于基础设施建设，因此本国的电力保障水平、交通运输能力很低，这就会导致一些"一带一路"项目在落地实施后，由于东道国基础设施不足而无法运营，如此更谈不上盈利。因此，在"一带一路"合作框架下，应该通过援助的方式解决东道国根本的基础设施极度落后的问题。

第三，构建"一带一路"债务国债务可持续性评估体系。充分调研债务国的实际情况，综合考虑债务国的投资回报率以及债务偿还能力。基于债务可持续性分析角度，可以借鉴世界银行以及国际货币基金组织关于外部债务评级、透明度和数据披露、警示性阈值等规则的制定和改革；有效评估政策对东道国债务可持续性的影响，以分析不同政策对贷款国债务风险的影响以及债权人对债务国债务可持续性的影响。

第四，探索化解项目债务风险机制。在融资方面，借鉴世界银行、亚洲开发银行等的PPP模式，综合考虑东道国的债务规模、债务结构、偿债能力以及其他投资主体的融资能力、发展能力、还款能力等，采用多投资主体的混合融资形式，减少债务风险；针对东道国的主权信用风险，构建风险共担、利益协调以及基于一致原则的标准等多边主权信用风险治理体系，合理分担项目债务风险。

第五，完善与创新"一带一路"债务可持续能力建设的国际规则。制定企业在进行"一带一路"项目建设时的基本行动准则，建立有效的统筹协调部门，减少由于企业自主行动、协调国际规则产生的成本；推动建设长期、稳定、可持续的多主体融资体系，减少主权债务违约风险；明确区分援助项目、带有援助性质的商业项目、纯商业项目，遵循通行的国际规则，做到援助项目真正惠民生，混合商业项目可持续，纯商业项目可盈利，东道国的债务风险可控、可持续。

(4) 构建"一带一路"项目风险高质量防范机制。

结合前文实证过程中重要控制变量对"一带一路"项目投资的影响以及本章项目风险的形成过程，提出以下"一带一路"项目高质量防范措施。

第一，设立专门的"一带一路"项目援助机构。首先，援助机构以及相关部门应充分给予"一带一路"项目投资企业具体的指导和帮助，重视根据企业与项目的需求提供针对性服务，打牢项目建设的根基，引导、帮扶其发展。例如，商务部除了提供国家投资指南等宏观指导外，还应联合有关机构协助海外投资企业熟悉东道国的政治、经济、社会环境，协调企业与当地的政府和商务关系，尽量消除外来者劣势对海外项目投资带来的负面影响。其次，联合社会智库、咨询机构等，主动对东道国可能的潜在威胁进行研判，为企业在项目投资过程中提供咨询指导和风险预警，对企业遭遇到的东道国技术管制、恶意竞争等给予相应援助。最后，相关部门可以与社会服务机构搭建平台，进一步通过具体措施缓释企业自身劣势。

第二，完善海外投资保险制度。进一步完善海外投资保险条例，扩大投资主体的投保范围，推动海外投资保险制度与双边、多边投资协定的有效结合；引导中国企业做好项目投保事宜，做好项目准入前尽职调查，完善项目预警机制和项目退出机制；鼓励私人资本参与到海外投资保险中，探索多主体海外投资保险模式。

第三，建立项目多维度分级评估机制。研制"一带一路"重大项目战略优先级以及风险评级体系，从海外投资收益保障、能源安全、政治稳定、项目标准规范、债务水平合理等多维度评价项目的战略等级，同时从东道国的政治、经济、社会等维度对项目的投资风险进行评估，最终根据项目战略等级以及风险评估等级设定金融机构的支持力度，制定合理的项目盈利空间以及风险防控预案。

第四，完善境外监管以及考核机制。首先，从源头上加强与完善海外投资企业的监管机制，要求企业建立健全境外投资的内部财务监督制度，尤其对国有企业的"一带一路"

投资项目，倒逼其采取对国有资本运作的谨慎态度。其次，综合考虑企业的整体发展和运行状况，并建立全面的约束机制。为了提升企业的发展有效性和科学性，可以聘用第三方评估机构对企业的收益进行估算和评估，使得长期激励约束机制落到实处。最后，建立全面的投资决策层监管和追查制度，对其进行全面的跟踪监督。要保证决策者在项目实施的整个过程中都对项目负有责任，同时依据具体的情况建立合理的监管和惩罚机制，提升项目投资的效率。

7.3.2 企业层面

前文实证结果显示，企业自身优势可以有效缓解东道国风险对"一带一路"项目投资的不利影响，因此扩大企业自身优势可以有效防范项目风险。

(1) 培养企业声誉。

良好的企业声誉有利于企业获得投资机会、政府资源和民众支持（王海军和高明，2012）。海外投资企业如果可以在日常企业行为的基础上，通过嵌入当地工会、民间团体、宗教组织、当地社区、媒体等，与各方利益相关者建立良好的沟通机制，以争取当地民众对企业的认可和情感支持，并间接提高当地政府的办事效率，由此在出现商业纠纷或者遇到困难的时候，企业更容易获得当地政府和民众的支持。这些均有利于改善东道国的投资环境，从而减少由东道国社会风险和经济风险给"一带一路"项目投资带来的不利影响。

(2) 履行社会责任。

大量"一带一路"投资失败项目表明，风险事件的发生往往是由于投资主体在项目实施过程中的不当行为引发东道国民众不满与抗议，继而导致项目损失、搁浅。因此，在项目建设过程中，企业应主动履行社会责任，处理好与项目利益相关主体的关系，兼顾经济效益、社会效益和环境生态效益，以消除因为自身错误行为而引发的风险事件，降低项目被中断、搁浅的风险。中国企业要对东道国社会风险引起足够重视，从自身做起，践行自身在东道国的社会责任，汲取发达国家海外投资风险防范经验，与东道国政府、民众、社会团体等建立良好的沟通互动关系，真正做到民心相通，树立良好的企业形象。

7.3.3 项目层面

东道国风险作为一种外部风险，一旦发生对于企业或者项目来说往往是难以应对和控制的，因此投资主体更应该在海外项目投资初期尽可能规避东道国风险，减少项目损失，在项目实施过程中时刻保持对东道国风险动态的敏感性，避免风险事件的发生，并通过全过程风险管理来降低项目脆弱性，最终达到项目风险治理的目的。

(1) 进行系统的可行性研究，做出正确的决策。

企业进行海外投资，要确保决策层的专业性，前期调研可以组建各领域的专家团队进行可行性研究，确保相关人员尽职尽责，最终形成可行性研究报告。也可以委托有能力的第三方专业咨询机构开展可行性研究，以确保最终决策的专业性、正确性。

企业在进行项目可行性研究时，要充分考虑项目所在国的政治、经济、金融等环境，深入研究与工程建设有关的细节，进行系统的实地调研，对项目的财务分析以及风险分析要清晰、系统、全面、具有可操作性，既要保障建设资金在项目建设期及时到位，更要保障项目建成后的预期收益。企业在投融资决策时也应全方位考量市场主体的资本约束及沿线各国的实际债务承担能力，合理设计投融资方案，统筹协调，尤其是在进行大型基础设施项目投资时，更应审慎决策，避免给东道国政府造成财政负担或者债务风险。企业一定要做好尽职调查，包括财务、税务、法务、劳务等四个方面。有些企业在进行尽职调查时往往忽略了劳务调查，使巨大的劳务成本成为企业不可承受之重。

另外，针对"一带一路"的特定项目，企业应该根据不同的项目特征以及不同国家的风险因素，对可行性研究的侧重点进行修正。比如，加强"一带一路"共建国家的政治风险预测，改进风险预测的方法，在项目可行性研究中加大风险预测的力度。为了更好地对项目进行分析和管控，提升项目运行的效率，做好风险的规避和预防，在进行可行性报告的同时，要从反面对企业的发展进行论证。比如，可以聘用咨询机构对企业进行分析和预估，从不可行的角度进行论证，加强论证的有效性。

（2）进行充分的谈判。

采用最优合同、相对提高投标报价、获取东道国政府或第三方的担保是在海外投资项目决策和准备阶段降低风险事件的有效对策。

在进行海外投资项目的商务谈判阶段，投资企业首先要选择国际公认的合同标准，起草、翻译并严格审核合同中的支付、争端解决、风险分担及不可抗力等在内的各项条款，逐条研判并及时剔除一些无法在项目所在地顺利实施的合同条款，合同是未来解决争端最重要的依据。

当风险事件发生时，风险溢价可以在一定程度上弥补投资主体一部分的损失。因此，当投资企业不得不自留一部分风险时，可以通过提高招标报价来获取风险溢价，从而降低风险事件发生导致的项目损失，但报价高会降低中标概率，因此提高报价只适用于一些特殊情况。

国际担保条例是国际仲裁、外交保护等手段的有效补充。因此项目投资企业应尽可能与其他利益相关者达成协议，寻求来自东道国政府或第三方的担保，这将有助于减少风险事件的发生，以及在风险事件发生后及时的获得赔偿，减少项目损失。

（3）做充足准备，有效使用海外投资保险产品。

海外投资企业应在东道国风险评估的基础上，制定必要的风险应急预案，以便在风险事件发生时能做出及时有效的应对，尽可能的保护自身的安全和利益。

此外，海外投资保险产品的有效使用是应对东道国风险的一项有效对策，当投资企业在东道国面临风险事件而遭遇项目损失时可以通过保险产品获得经济赔偿，弥补一定的损失。

（4）减少不必要的债务损失。

第一，加大东道国债务违约风险管理。企业应加大对东道国债务风险的识别、评估与防范。对于债务违约风险相对较低的国家，如新加坡、阿联酋、阿曼等国可以适当加大投资力度。对于经济基础薄弱，债务承受能力低，政治不稳定的国家要适当控制投资的类别与规模。即便项目的可操作性强，利益空间大、发展前景良好，也绝不能省略风险预测这一步骤，在项目正式启动后，还需要保持动态监测，对违约风险实时监控，多管齐下规避风险。面对东道国的主权信用风险，企业应当从事前与事后两个阶段着手，构建完善的全流程风险防控与化解机制，逐步构建起"风险共担、利益共享"的风险防控体系。

第二，分阶段开发"一带一路"大型基础设施项目。对"一带一路"共建国家大型基础设施项目进行分阶段开发，不仅可以有效规避因项目周期长引起的不确定性与风险，而且还可以实时跟进，结合项目的实际情况有效识别债务违约风险，并通过及时止损、债务减免、债务重组、债转股等方式进行有效的项目债务管理，从而实现对债务违约风险的有效控制。

（5）实施合理的风险应对措施。

实施应急计划、寻求帮助、再谈判、仲裁、诉讼以及项目后评价是项目风险发生后投资企业应做出的合理响应。

一旦风险事件发生，企业应及时实施风险应急计划，最大程度地减少项目损失，确保人员与财产的安全。在紧急情况下，及时主动寻求母国、东道国以及国际组织和媒体的帮助。

在风险事件缓和后，投资企业应及时对剩余风险进行评估和预判，及时调整项目实施计划，并通过再谈判、仲裁或诉讼减少项目损失。

在风险事件发生后以及风险应对措施实施后，应对整个风险事件进行后评价，全面梳理风险发生的原因、过程、应对以及对项目造成的实际损失，从中汲取经验教训，从而在今后的海外项目投资过程中更加有效地应对类似的风险事件。

7.4 本章小结

本章基于风险传导以及项目脆弱性相关理论建立"一带一路"项目风险形成框架，基于该框架运用内容分析法，对2005～2019年发生在"一带一路"共建国家的失败项目进行风险形成解析，通过GDELT数据库识别"一带一路"在建项目可能面临的较大风险事件，最后在国家、企业和项目层面提出了"一带一路"项目风险应对的措施与建议。主要结论包括：

（1）"一带一路"失败项目的损失主要集中在：项目投资前期费用损失，项目被迫中断、搁浅造成的损失，项目在实施过程中因无利可图被迫放弃造成的损失，因项目经济效益低下被迫放弃造成的损失等。这些失败项目所造成的损失大多无法挽回，且多数是由于风险事件以及自身因素诱发的项目风险。

(2) 由于大多数东道国不稳定的政治、经济、社会形势，以及美国加息，阿根廷等新兴国家货币大幅贬值等多重外部因素的影响，"一带一路"在建项目的债务违约风险已经成为现阶段中国企业面临的主要风险。

(3) 如果不积极应对"一带一路"项目当前面临的挑战，不及时化解项目风险，现有的在建项目，有许多极有可能变成失败项目，不仅可能造成大量的资金损失，引发国际舆论，更有可能增大我国的政治、经济和社会风险。本章从国家、企业和项目层面提出一些化解对策及建议。

第 8 章
结论与展望

8.1 研究结论

(1) 通过详细的文献研究，本书对东道国风险、东道国风险对中国对外直接投资流向和成效的影响、海外投资政策和国际投资规则对东道国风险影响中国对外资直接投资的调节效应以及中国对外直接投资风险防范的相关研究成果进行了梳理和评论。本书认为，中国在"一带一路"共建国家的项目投资所面临的风险因素具有复杂性与多样性，只有精准识别并测度东道国风险，深入研究东道国风险对中国"一带一路"项目投资的影响及作用机理，才能有效化解东道国风险带来的不利影响，防范项目风险，提高项目投资成功率。因此，本书在现有研究成果的基础上从以下三方面进行了拓展研究：一是构建一个整合的、全面的、可以反映"中国因素"的东道国风险测度模型，对"一带一路"共建国家的风险进行识别和测度；二是关于东道国风险对中国"一带一路"项目投资的影响及作用机理研究；三是关于"一带一路"项目风险防范的研究。

(2) 本书对经典对外直接投资理论及其扩展，即国家特定优势理论、资源基础理论、制度相关理论和外来者劣势理论进行了全面阐述，在此基础上对东道国风险影响中国"一带一路"项目投资的作用机理进行了分析，并进一步分析了"一带一路"倡议和双边投资协定在东道国风险影响中国"一带一路"项目投资中的调节效应。

(3) 根据国家风险相关理论，本书构建了包含政治、经济、社会三个维度，24个具体指标的东道国风险测度指标体系，采用熵值法对指标进行赋权及测算，最终测算出2005~2019年38个"一带一路"共建样本国家的政治、经济、社会及综合风险值。通过对风险值的评价可以得出，中国在"一带一路"共建国家进行项目投资时，将面临较大的东道国综合风险，其中有27个国家处于中等投资风险以及较高投资风险等级。其中，西亚、南亚地区政治风险偏高，西亚以及独联体国家经济风险偏高，社会风险普遍较高。

(4) 本书采用系统GMM动态面板回归实证检验了中国对"一带一路"共建国家项目投资流向的影响并对其表现出的"风险偏好"特征做了进一步实证分析。实证结果显示，中国对"一带一路"共建国家的项目投资主要流入了风险高的国家，表现出"风险偏好"特征，较高的东道国综合风险、政治风险、经济风险和社会风险都没有阻碍中国对"一带一路"共建国家的项目投资。东道国的资源水平、市场规模以及对华关系也是影响中国"一带一路"项目投资的主要因素。丰富的自然资源、较大的市场规模以及良好的双边关系都是中国对共建国家项目投资的有利因素。通过对能源行业与非能源行业、国有企业与非国有企业的分类检验以及"一带一路"倡议的调节效应检验发现，中国对"一带一路"项目投资"风险偏好"的原因有以下几点：第一，与非能源行业相比，能源行业的"风险偏好"更明显，主要是由于能源项目投资对"一带一路"共建国家有强烈的资源追求动机，共建国家恰好给能源行业提供了更为显著的"区位优势"，比如自然资源丰富、地理位置近、市场规模大，但"区位优势"的背后是政治环境复杂、经济发展水平低、社会环境不稳定等较高的风险因素，因此"风险偏好"现象的背后往往是对特殊"区位优势"与"风险包容度"的平衡；第二，通过国有企业与非国有企业的比较，国有企业更能反映"风险偏好"现象的原因在于企业的"自身特定优势"，国有企业往往能在风险高的东道国获得非市场资源的"比较优势"；第三，通过对"一带一路"倡议调节效应检验发现，"一带一路"倡议作为"国家特定优势"以及制度性保护的体现，不仅对企业开展"一带一路"项目投资起到了促进作用，还起到了缓解"风险偏好"的调节效应。

（5）本书采用 Probit 模型和 Tobit 模型实证检验了东道国各维度风险对中国"一带一路"项目投资成效的影响，并在此基础上进一步探讨了"一带一路"倡议和双边投资协定在东道国风险影响中国"一带一路"项目投资成效中的调节效应。实证检验结果显示，东道国综合风险和政治风险显著增大了中国对"一带一路"共建国家项目投资失败的概率和规模，东道国经济风险则并未显著增大"一带一路"项目投资失败的概率和规模，且在显著性检验中表现为负向影响，东道国社会风险也并未显著增大"一带一路"项目投资失败的概率和规模。东道国风险对"一带一路"项目投资成效的影响因行业和投资主体不同表现出异质性，东道国综合风险、政治风险、经济风险与社会风险均显著增大了能源行业项目投资失败的概率和规模，东道国综合风险、政治风险显著增大了非能源行业项目投资失败的概率和规模，东道国经济风险和社会风险对非能源行业项目投资成效的影响不显著；东道国综合风险和政治风险显著增大了无论是国有企业还是非国有企业项目投资失败的概率和规模，东道国经济风险与社会风险对国有企业项目投资成效的影响不显著，东道国经济风险对非国有企业项目投资失败表现为显著的负向影响，东道国社会风险显著增大了非国有企业项目投资失败的概率和规模。"一带一路"倡议以及双边投资协定对东道国风险影响中国"一带一路"项目投资成效具有显著的调节效应。"一带一路"倡议对东道国综合风险和政治风险对"一带一路"项目投资失败的影响起到显著的调节效应，对东道国经济风险与社会风险与项目投资成败的关系不具有明显的调节效应。双边投资协定对东道国综合风险和政治风险对"一带一路"项目投资失败的影响起到显著的调节效应，增强了东道国经济风险对"一带一路"项目投资失败的负向影响，对东道国社会风险与"一带一路"项目投资成效的关系不具有明显的调节效应。

（6）基于风险传导及脆弱性理论构建"一带一路"项目风险形成框架，以该框架为基础，基于"中国全球投资追踪"数据库和 GDELT 数据库，采用文本挖掘、案例分析和文献研究相结合的方法，对已宣告失败的"一带一路"项目进行风险形成解析，对在建项目可能面临的风险事件进行预测，最后在实证结论的基础上，从东道国风险治理以及降低项目脆弱性角度为"一带一路"项目风险防范提出对策建议。

8.2 研究不足与展望

（1）本书共构建了24个具体指标对东道国风险进行测度，其中也将4个体现中国因素指标纳入其中，但对东道国风险的测度仍然不够全面。比如，2022年爆发的俄乌冲突，受时间和数据的限制，在本书东道国风险因素中并未体现。在未来的研究中可以将母国、东道国以及第三方国家或组织也作为东道国风险因素来源，进一步扩大国家风险的范畴，多角度综合研究国家风险。

（2）本书采用了微观层面的项目数据实证检验了东道国综合风险以及各维度风险对中国在"一带一路"共建国家项目投资流向以及成效的影响，需要指出的是本书并没有深入探讨各维度风险因素之间相互联动作用。在今后的研究中可以进一步细化国家风险来源和国家风险受体，因为不同的国家风险在不同的行业、国别、投资主体的影响程度都有差异，不同投资动机的国家风险容忍度也不同，不同性质的投资主体受国家风险影响也存在差异。

（3）本书从"一带一路"项目风险形成视角提出了风险应对措施，而并没有针对特定的行业、国别、地域分布等区分项目风险防范的差异性。在今后的研究中笔者将进一步深入研究具体国别或行业的风险防控方法、技术和手段。

参 考 文 献

[1] 白永秀,王颂吉．丝绸之路经济带的纵深背景与地缘战略［J］．改革,2014（3）：64-73.

[2] 蔡承彬．东道国经济风险对中国企业对外投资的影响——基于中国对外直接投资与工程项目投资两个维度的分析［J］．宏观经济研究,2019（4）：107-115.

[3] 钞鹏．对外投资的政治风险研究综述［J］．经济问题探索,2012（11）：167-171.

[4] 陈东军,谢红彬,王彬．我国"一带一路"战略研究现状梳理——基于CiteSpace分析［J］．海南师范大学学报（自然科学版）,2017,30（1）：73-82.

[5] 陈菲琼,钟芳芳．中国海外直接投资政治风险预警系统研究［J］．浙江大学学报（人文社会科学版）,2012,42（1）：87-99.

[6] 陈曙光．人类命运与超国家政治共同体［J］．政治学研究,2016（6）：49-59+126.

[7] 陈伟,卢秀容．东道国国家风险对FDI流入量影响显著吗？——来自60个国家的证据［J］．经济体制改革,2016（2）：166-171.

[8] 陈岩,郭文博．制度风险与跨国并购成败：大国外交和经济"软实力"的调节作用［J］．世界经济研究,2018（5）：51-64.

[9] 陈万灵,何传添．海上丝绸之路的各方博弈及其经贸定位［J］．改革,2014（3）：74-83.

[10] 陈丙利．东道国风险与中国对外直接投资的区位选择——基于微观企业数据的实证分析［J］．现代管理科学,2015（11）：45-47.

[11] 陈文玲．"一带一路"建设开启新全球化伟大进程［J］．人民论坛·学术前沿,2017（8）：4-16.

[12] 陈悦,陈超美,胡志刚,等．引文空间分析原理与应用：CiteSpace实用指南［M］．北京：科学出版社,2014：6.

[13] 邓新明,许洋．双边投资协定对中国对外直接投资的影响——基于制度环境门槛效应的分析［J］．世界经济研究,2015（3）：47-55.

[14] 董有德,赵星星．自由贸易协定能够促进我国企业的对外直接投资吗——基于跨国公司知识-资本模型的经验研究［J］．国际经贸探索,2014（3）：44-61.

[15] 杜晓君,石茹鑫,冯飞,等．东道国政治风险对企业对外直接投资绩效的影响——基于企业风险管理能力与东道国自由裁量权的联合调节效应［J］．技术经济,2022,41（3）：101-114.

[16] 对外经济贸易大学学术刊物部．国际贸易问题［EB/OL］．http://www.gjmywt.com/m,2019-11-13.

[17] 方慧,宋玉洁．东道国风险与中国对外直接投资——基于"一带一路"沿线43国的

考察 [J]. 上海财经大学学报, 2019, 21 (5): 33-52.

[18] 付绍军, 张璐超. 国家政治风险因素对中国 OFDI 影响因素研究——基于"一带一路"沿线 54 国数据的实证分析 [J]. 经济问题探讨, 2019 (9): 112-124.

[19] 方旖旎. 中国企业对"一带一路"沿线国家基建投资的特征与风险分析 [J]. 西安财经学院学报, 2016, 29 (1): 67-72.

[20] 冯宗宪, 李刚. "一带一路"建设与周边区域经济合作推进路径 [J]. 西安交通大学学报 (社会科学版), 2015, 35 (6): 1-9.

[21] 冯华. 制度因素与中国企业对外直接投资研究 [D]. 济南: 山东大学, 2016.

[22] 高菠阳, 尉翔宇, 黄志基, 等. 企业异质性与中国对外直接投资——基于中国微观企业数据的研究 [J]. 经济地理, 2019, 39 (10): 130-138.

[23] 高慧, 王宗军. EPC 模式下总承包商风险防范研究 [J]. 工程管理学报, 2016, 30 (1): 114-119.

[24] 胡兵, 丁详平, 邓富华. 中国对非援助能否推动对非投资 [J]. 当代经济研究, 2015 (1): 67-73.

[25] 韩民春, 江聪聪. 政治风险、文化距离和双边关系对中国对外直接投资的影响——基于"一带一路"沿线主要国家的研究 [J]. 贵州财经大学学报, 2017 (2): 84-91.

[26] 韩东, 王述芬. 中国对中亚五国直接投资影响因素实证研究 [J]. 商业经济研究, 2015 (4): 75-77.

[27] 贺娅萍, 徐康宁. "一带一路"沿线国家的经济制度对中国 OFDI 的影响研究 [J]. 国际贸易问题, 2018 (1): 92-100.

[28] 胡俊超, 王丹丹. "一带一路"沿线国家国别风险研究 [J]. 经济问题, 2016 (5): 1-6, 43.

[29] 黄河. 公共产品视角下的"一带一路" [J]. 世界经济与政治, 2015 (6): 138-155, 160.

[30] 黄孟芳, 卢山冰, 余淑秀. 以"欧亚经济联盟"为标志的独联体经济一体化发展及对"一带一路"建设的启示 [J]. 人文杂志, 2015 (1): 36-44.

[31] 黄远浙, 钟昌标, 叶劲松, 等. 跨国投资与创新绩效——基于对外投资广度与深度视角的分析 [J]. 经济研究, 2021 (1): 138-154.

[32] 何茂春, 张冀兵, 张雅芃, 等. "一带一路"战略面临的障碍与对策 [J]. 新疆师范大学学报 (哲学社会科学版), 2015, 36 (3): 36-45, 2.

[33] 蒋冠宏. 制度差异、文化距离与中国企业对外直接投资风险 [J]. 世界经济研究, 2015 (8): 37-47.

[34] 金刚, 沈坤荣. 中国企业对"一带一路"沿线国家的交通投资效应: 发展效应还是债务陷阱 [J]. 中国工业经济, 2019 (9): 79-97.

[35] 蒋冠宏, 蒋殿春. 中国对发展中国家的投资——东道国制度重要吗? [J]. 管理世界, 2012 (11): 45-56.

[36] 胡兵, 邓富华, 张明. 东道国腐败与中国对外直接投资——基于跨国面板数据的实

证研究[J]. 国际贸易问题, 2013 (10): 138-148.
[37] 金玲. "一带一路": 中国的马歇尔计划[J]. 国际问题研究, 2015 (1): 88-99.
[38] 李江, 卫平, 石大千, 等. 制度差异风险与中国对外直接投资——双边投资协定与贸易依存度的调节效应研究[J]. 工业技术经济, 2017, 36 (7): 10-17.
[39] 雷振. 制度性差异对国际工程项目实施的影响机理[D]. 北京: 清华大学, 2018.
[40] 刘晓光, 杨连星. 双边政治关系、东道国制度环境与对外直接投资[J]. 金融研究, 2016 (12): 17-31.
[41] 刘海猛, 胡森林, 方恺, 等. "一带一路"沿线国家政治-经济-社会风险综合评估及防控[J]. 地理研究, 2019, 38 (12): 2966-2984.
[42] 兰洁, 林爱杰. 双循环背景下东道国国家风险对我国企业海外并购绩效的影响[J]. 重庆大学学报 (社会科学版), 2021, 27 (3): 228-244.
[43] 李笑, 华桂宏. 东道国政治风险、投资动机与企业OFDI速度[J]. 现代财经, 2020, 40 (2): 100-113.
[44] 李俊成. "一带一路"倡议下中国企业融资、海外投资与财务绩效研究[D]. 北京: 中央财经大学, 2020.
[45] 黎绍凯, 张广来, 张杨勋. 东道国投资风险、国家距离与我国OFDI布局选择——基于"一带一路"沿线国家的经验证据[J]. 商业研究, 2018 (12): 39-48.
[46] 黎绍凯, 张广来. 我国对"一带一路"沿线国家直接投资布局与优化选择: 兼顾投资动机与风险规避[J]. 经济问题探索, 2018 (9): 111-124.
[47] 李晓敏, 李春梅. 东道国制度质量对中国对外直接投资的影响——基于"一带一路"沿线国家的实证研究[J]. 东南学术, 2017 (2): 119-126.
[48] 李原, 汪红驹. "一带一路"沿线国家投资风险研究[J]. 河北经贸大学学报, 2018, 39 (4): 45-55.
[49] 林春培, 刘佳, 田帅. 基于文献计量的国内海上丝绸之路研究热点分析[J]. 情报杂志, 2018, 37 (2): 182-187.
[50] 李杰, 陈超美. CiteSpace: 科技文本挖掘及可视化[M]. 北京: 首都经济贸易大学出版社, 2016.
[51] 李向阳. 跨太平洋伙伴关系协定与"一带一路"之比较[J]. 世界经济与政治, 2016 (9): 29-43, 155-156.
[52] 李宬锐, 李妍彬. 东道国国家风险在投资路径中如何影响人民币国际化——基于EIU数据库的实证研究[J]. 国际商务财会, 2020 (4): 62-71.
[53] 李笑, 华桂宏. 东道国政治风险、投资动机与企业OFDI速度[J]. 现代财经 (天津财经大学学报), 2020, 40 (2): 100-113.
[54] 刘国斌. 论亚投行在推进"一带一路"建设中的金融支撑作用[J]. 东北亚论坛, 2016 (2): 58-66, 128.
[55] 刘卫东. "一带一路"战略的认识误区[J]. 国家行政学院学报, 2016 (1): 30-34.
[56] 刘逸, 李源, 梁育填, 等. 东道国风险对我国旅游业对外直接投资的影响[J]. 地理

经济，2022，42（7）：204-214.

[57] 刘真."一带一路"倡议推进中中国企业法律风险与对策研究［J］.湖北大学学报（哲学社会科学版），2016，43（6）：105-111.

[58] 吕余生.深化中国—东盟合作，共同建设21世纪海上丝绸之路［J］.学术论坛，2013，36（12）：29-35.

[59] 林勇新.建设新"海上丝绸之路"的内涵、前景与可行路径［J］.西安交通大学学报（社会科学版），2016，36（6）：6-8.

[60] 林民旺.印度对"一带一路"的认知及中国的政策选择［J］.世界经济与政治，2015（5）：42-57，157-158.

[61] 梁昊光."一带一路"如何走得通、走得远、走得久［J］.人民论坛·学术前沿，2017（8）：70-75.

[62] 刘思恩，王树春."一带一路"研究成果概览［J］.俄罗斯东欧中亚研究，2016（5）：132-151，158.

[63] 刘霞，王谊，祝继高."一带一路"倡议与企业海外经营收入——影响效果及作用机制研究［J］.经济管理，2021，43（3）：80-97.

[64] 梁双陆，张梅.基础设施互联互通对我国与周边国家贸易边界效应的影响［J］.亚太经济，2016（1）：101-106.

[65] 林乐芬，王少楠."一带一路"建设与人民币国际化［J］.世界经济与政治，2015（11）：72-90，158.

[66] 李向阳."一带一路"面临的突出问题和出路［J］.国际贸易，2017（4）：4-9.

[67] 李诗，吴超鹏.中国企业跨国并购成败影响因素实证研究——基于政治和文化视角［J］.南开管理评论，2016，19（3）：18-30.

[68] 李新，张鑫."一带一路"视域下区域一体化发展探析［J］.新疆师范大学学报（哲学社会科学版），2016，37（4）：109-115.

[69] 孟醒，董有德.社会政治风险与我国企业对外直接投资的区位选择［J］.国际贸易问题，2015（4）：106-115.

[70] 孟凡臣，蒋帆.中国对外直接投资政治风险量化评价研究［J］.国际商务研究，2014（5）：87-96.

[71] 马昀."一带一路"建设中的风险管控问题［J］.政治经济学评论，2015，6（4）：189-203.

[72] 马亚华，冯春萍.空间视角下的东亚权力分布——一种基于引力模型的比较静态分析［J］.世界经济与政治，2014（11）：121-134，159-160.

[73] 潘镇，金中坤.双边政治关系、东道国制度风险与中国对外直接投资［J］.财贸经济，2015（6）：85-97.

[74] 潘素昆，代丽.政治风险对我国企业对外直接投资的影响研究［J］.北方工业大学学报，2014，26（4）：9-15，8.

[75] 彭程，江慧.东道国环境规制促进了企业高风险跨国投资吗？——基于企业生命周

期的视角［J］．云南财经大学学报，2021，37（7）：70-86．

[76] 强国令，徐会杰．"一带一路"倡议、公司战略与企业投资［J］．经济经纬，2021（5）：61-70．

[77] 邱煜，潘攀，张玲．"中国方案"果真布局了债务陷阱吗？：来自"一带一路"倡议的经验证据［J］．世界经济研究，2021（7）：120-134．

[78] 邱立成，赵成真．制度环境差异、对外直接投资与风险防范：中国例证［J］．国际贸易问题，2012（12）：112-122．

[79] 邱均平，胡小洋，《中国学术期刊评价研究报告》项目组．中国学术期刊评价研究报告（2017—2018）（Ⅰ）——学术期刊评价结果［J］．评价与管理，2016（4）：37-63．

[80] 全毅，汪洁，刘婉婷．21世纪海上丝绸之路的战略构想与建设方略［J］．国际贸易，2014（8）：4-15．

[81] 綦建红，刘慧．以往经验会影响OFDI企业序贯投资的区位选择吗——来自中国工业企业的证据［J］．经济理论与经济管理，2015（10）：100-112．

[82] 任志宏．"一带一路"战略与人民币国际化的机遇、障碍及路径［J］．华南师范大学学报（社会科学版），2016（3）：28-34，191．

[83] 孙海泳．中国对外基础设施投资的社会组织风险及对策［J］．现代国际关系，2016（3）：49-55．

[84] 沈军，包小玲．中国对非洲直接投资的影响因素——基于金融发展与国家风险因素的实证研究［J］．国际金融研究，2013（9）：64-74．

[85] 沈悦．后疫情时代"一带一路"对外传播的治理框架建构［J］．云南社会科学，2022，（1）：169-179．

[86] 沈铭辉，张中元．中国企业海外投资的企业社会责任——基于案例分析的研究［J］．中国社会科学院研究生院学报，2016（2）：53-61．

[87] 宋利芳，武睆．东道国风险、自然资源与国有企业对外直接投资［J］．国际贸易问题，2018（3）：149-162．

[88] 宋维佳，梁金跃．"一带一路"沿线国国家风险评价——基于面板数据及突变级数法的分析［J］．财经问题研究，2018（10）：97-104．

[89] 宋维佳，熊宏韬．基于并购准备阶段的装备制造业企业海外并购的风险分析［J］．宏观经济研究，2013（11）：87-94．

[90] 孙焱林，覃飞．"一带一路"倡议降低了企业对外直接投资风险吗［J］．国际贸易问题，2018（8）：66-79．

[91] 孙楚仁，张楠，刘雅莹．"一带一路"倡议与中国对沿线国家的贸易增长［J］．国际贸易问题，2017（2）：83-96．

[92] 孙挺，徐长林．基于CiteSpaceⅢ的"一带一路"研究文献的可视化分析［J］．图书情报工作，2015（S2）：135-137．

[93] 申现杰，肖金成．国际区域经济合作新形势与我国"一带一路"合作战略［J］．宏观经济研究，2014（11）：30-38．

[94] 袁新涛. "一带一路"建设的国家战略分析 [J]. 理论月刊, 2014 (11): 5-9.

[95] 石泽. 能源资源合作: 共建"一带一路"的着力点 [J]. 新疆师范大学学报 (哲学社会科学版), 2015, 36 (1): 68-74.

[96] 隋广军, 黄亮雄, 黄兴. 中国对外直接投资、基础设施建设与"一带一路"沿线国家经济增长 [J]. 广东财经大学学报, 2017, 32 (1): 32-43.

[97] 唐礼智, 刘玉. "一带一路"中我国企业海外投资政治风险的邻国效应 [J]. 经济管理, 2017, 39 (11): 6-20.

[98] 唐晓彬, 王亚男, 张岩. "一带一路"沿线国家投资风险测度研究 [J]. 数量经济技术经济研究, 2020, 37 (8): 140-158.

[99] 田晖, 宋清, 黄静. 东道国制度质量、"一带一路"倡议与我国对外直接投资区位选择 [J]. 统计与决策, 2019, 35 (11): 148-152.

[100] 谭秀杰, 周茂荣. 21世纪"海上丝绸之路"贸易潜力及其影响因素——基于随机前沿引力模型的实证研究 [J]. 国际贸易问题, 2015 (2): 3-12.

[101] 王稳, 张阳, 石腾超, 等. 国家风险分析框架重塑与评级研究 [J]. 国际金融研究, 2017 (10): 34-43.

[102] 王海军, 高明. 国家经济风险与中国企业对外直接投资: 基子结构效应的实证分析 [J]. 经济体制改革, 2012 (2): 113-117.

[103] 王发龙, 和春红. 中国对外投资的非传统政治风险——基于"一带一路"建设的分析 [J]. 经济问题探索, 2022 (6): 149-164.

[104] 王培志. 制度因素、双边投资协定与中国对外直接投资区位选择——基十"一带一路"沿线国家面板数据 [J]. 经济与管理评论, 2018 (1): 5-17.

[105] 汪洁, 全毅. 21世纪海上丝绸之路贸易便利化研究 [J]. 国际商务 (对外经济贸易大学学报), 2015 (6): 36-46.

[106] 武立东, 杨军节. 制度距离、双边外交关系和对外直接投资——基于中国宏观数据的实证分析 [J]. 预测, 2016, 35 (3): 26-31.

[107] 王丽丽. 中国对外直接投资是风险规避还是风险偏好 [J]. 金融经济学研究, 2018, 33 (6): 117-126.

[108] 王立国, 王昱睿. 私人资本参与"一带一路"沿线基础设施项目的影响因素分析——基于沿线41个发展中国家的实证分析 [J]. 投资研究, 2019, 38 (10): 81-92.

[109] 王永中, 赵奇峰. 风险偏好、投资动机与中国对外直接投资: 基于面板数据的分析 [J]. 金融评论, 2016 (4): 1-17.

[110] 王永钦, 杜巨澜, 王凯. 中国对外直接投资区位选择的决定因素: 制度, 税负和资源禀赋 [J]. 经济研究, 2014 (12): 126-142.

[111] 王昱睿, 祖媛. 东道国政治风险与中国大型能源项目投资——基于"一带一路"沿线国家的考察 [J]. 财经问题研究, 2021 (7): 110-119.

[112] 王镝, 杨娟. "一带一路"沿线国家风险评级研究 [J]. 北京工商大学学报 (社会科学版), 2018, 33 (4): 117-126.

[113] 王海军,齐兰. 国家经济风险与 FDI——基于中国的经验研究 [J]. 财经研究, 2011 (10): 70-80.

[114] 王灏,孙谦. 海外政治不确定性如何影响我国对外直接投资?[J]. 上海经济研究, 2018 (6): 68-78.

[115] 王毅. 坚持正确义利观积极发挥负责任大国作用 [N]. 人民日报, 2013-09-10 (7).

[116] 王继源,陈璋,龙少波. "一带一路"基础设施投资对我国经济拉动作用的实证分析——基于多部门投入产出视角 [J]. 江西财经大学学报, 2016 (2): 11-19.

[117] 王卫星. 全球视野下的"一带一路": 风险与挑战 [J]. 人民论坛·学术前沿, 2015 (9): 6-18.

[118] 王伟涛. 不确定性冲击、东道国风险与国际直接投资流入——基于风险偏好和投资动因视角的分析 [J]. 投资研究, 2021, 40 (6): 115-128.

[119] 王会艳,杨俊,陈相颖. 中国对"一带一路"沿线国投资的贸易效应研究——东道国风险调节效应 [J]. 河南社会科学, 2021, 29 (8): 79-92.

[120] 王正新,周乾. 营商环境如果影响中国企业对"一带一路"沿线国家直接投资 [J]. 财经论坛, 2019 (9): 42-52.

[121] 吴建祖,郑秋虾. 东道国环境规制与中国对外直接投资动因——来自"一带一路"沿线国家的经验证据 [J]. 兰州大学学报(社会科学版), 2020, 48 (4): 49-59.

[122] 谢孟军. 政治风险对中国对外直接投资区位选择影响研究 [J]. 国际经贸探索, 2015 (9): 66-80.

[123] 薛力. 中国"一带一路"战略面对的外交风险 [J]. 国际经济评论, 2015 (2): 68-79, 5.

[124] 邢广程. 理解中国现代丝绸之路战略——中国与世界深度互动的新型链接范式 [J]. 世界经济与政治, 2014 (12): 4-26, 154.

[125] 徐世腾,陈有志. 政治风险、自由贸易环境与我国企业 OFDI 地理布局——基于央企与地方企业的比较研究 [J]. 华东师范大学学报(哲学社会科学版), 2017, 49 (2): 155-162, 185.

[126] 许勤华,蔡林,刘旭. "一带一路"能源投资政治风险评估 [J]. 国际石油经济, 2017, 25 (4): 11-21.

[127] 余官胜. 东道国经济风险与我国企业对外直接投资二元增长区位选择——基于面板数据门槛效应模型的研究 [J]. 中央财经大学学报, 2017 (6): 74-81.

[128] 易波,李玉洁. 双边投资协定和中国对外直接投资区位选择 [J]. 统计与决策, 2012 (4): 154-156.

[129] 杨宏恩,孟庆强,王晶,等. 双边投资协定对中国对外直接投资的影响:基于投资协定异质性的视角 [J]. 管理世界, 2016 (4): 24-36.

[130] 杨连星. 双边政治关系如何影响对外直接投资——基于二元边际和投资成败视角 [J]. 中国工业经济, 2016 (11): 56-72.

[131] 杨娇辉, 王伟, 王曦. 我国对外直接投资区位分布的风险偏好: 悖论还是假象 [J]. 国际贸易问题, 2015 (5): 133-144.

[132] 闫雪凌, 林建浩. 领导人访问与中国对外直接投资 [J]. 世界经济, 2019, 42 (2): 147-169.

[133] 杨娇辉, 王伟, 谭娜. 破解中国对外直接投资区位分布的 "制度风险偏好" 之谜 [J]. 世界经济, 2016 (11): 3-27.

[134] 杨竺松, 陈冲, 杨靖溪. "一带一路" 倡议与东道国的国家治理 [J]. 世界经济与政治, 2022 (3): 4-29.

[135] 姚凯, 张萍. 中国企业对外投资的政治风险及量化评估模型 [J]. 经济理论与经济管理, 2012 (5): 103-111.

[136] 尹美群, 盛磊, 吴博. "一带一路" 东道国要素禀赋、制度环境对中国对外经贸合作方式及区位选择的影响 [J]. 世界经济研究, 2019 (1): 81-92, 136-137.

[137] 余官胜. 东道国经济风险与我国企业对外直接投资二元增长区位选择——基于面板数据门槛效应模型的研究 [J]. 中央财经大学学报, 2017 (6): 74-81.

[138] 余杰, 衣长军, 王伟, 等. "一带一路" 倡议与中国企业 OFDI: 基于注意力配置视角的机制研究 [J]. 国际经贸探索, 2022, 38 (5): 70-83.

[139] 袁其刚, 郜晨. 企业对东盟直接投资的政治风险分析 [J]. 国际商务 (对外经济贸易大学学报), 2018 (3): 122-136.

[140] 杨英, 刘彩霞. "一带一路" 背景下对外直接投资与中国产业升级的关系 [J]. 华南师范大学学报 (社会科学版), 2015 (5): 93-101.

[141] 袁胜育, 汪伟民. 丝绸之路经济带与中国的中亚政策 [J]. 世界经济与政治, 2015 (5): 21-41, 156-157.

[142] 于津平, 顾威. "一带一路" 建设的利益、风险与策略 [J]. 南开学报 (哲学社会科学版), 2016 (1): 65-70.

[143] 张宏, 王建. 东道国区位因素与中国 OFDI 关系研究——基于分量回归的经验证据 [J]. 中国工业经济, 2009 (6): 151-160.

[144] 张金杰. 我国海外投资面临的经济风险及利益保护机制研究 [J]. 经济纵横, 2017 (7): 35-39.

[145] 郑磊, 陈克政. 东道国腐败会阻碍外商直接投资流入吗 [J]. 财经问题研究, 2017 (10): 102-109.

[146] 张鹏飞, 谢识予. "一带一路" 倡议与中国对外直接投资——基于双重差分法的实证分析 [J]. 投资研究, 2020, 39 (11): 88-95.

[147] 张海伟, 孙国娟. 制度质量、基础设施与中国农产品出口——基于 "一带一路" 沿线国家实证分析 [J]. 中国农业大学学报, 2022, 27 (8): 313-324.

[148] 张元钊. 东道国人类发展水平、政治风险与中国企业对外投资——基于面板 Tobit 模型的实证分析 [J]. 投资研究, 2017 (4): 103-117.

[149] 张晓涛, 王淳, 刘亿. 中国企业对外直接投资政治风险研究——基于大型问题项目

的证据 [J]. 中央财经大学学报, 2020 (1): 118-128.

[150] 张晓涛, 刘亿, 王鑫. 我国"一带一路"沿线大型项目投资风险——东南亚地区的证据 [J]. 国际贸易, 2019 (8): 60-71.

[151] 张艳辉, 杜念茹, 李宗伟, 等. 国家政治风险对我国对外直接投资的影响研究——来自112个国家的经验证据 [J]. 投资研究, 2016 (2): 19-30.

[152] 张亚斌. "一带一路"投资便利化与中国对外直接投资选择——基于跨国面板数据及投资引力模型的实证研究 [J]. 国际贸易问题, 2016 (9): 165-176.

[153] 张馨月, 吴信如. 中国对"一带一路"沿线国家投资的社会福利效应——兼论"五通"指数的调节作用 [J]. 云南财经大学学报, 2022, 38 (6): 15-30.

[154] 曾剑宇, 蒋骄亮, 何凡. 东道国国家风险与我国对外承包工程——基于跨国面板数据的实证研究 [J]. 对外经济贸易大学学报, 2017 (11): 6-18.

[155] 朱兰亭, 杨蓉. 东道国国家风险对中国在"一带一路"沿线国家直接投资的影响研究 [J]. 投资研究, 2019, 38 (6): 36-46.

[156] 周伟, 陈昭, 吴先明. 中国在"一带一路"OFDI的国家风险研究: 基于39个沿线东道国的量化评价 [J]. 世界经济研究, 2017 (8): 15-25.

[157] 周经. 政治风险、经济援助与中国对非洲直接投资——基于跨国面板数据的实证研究 [J]. 现代经济探讨, 2018 (6): 51-59.

[158] 张碧琼, 卢钰, 邢智晟, 等. 中国对一带一路沿线投资的风险和导向 [J]. 开放导报, 2018 (2): 29-33.

[159] 张雨, 戴翔. 政治风险影响了我国企业"走出去"吗 [J]. 国际经贸探索, 2013 (5): 84-93.

[160] 赵青, 张华容. 政治风险对中国企业对外直接投资的影响研究 [J]. 山西财经大学学报, 2016, 38 (7): 1-13.

[161] 周方银. "一带一路"面临的风险挑战及其应对 [J]. 国际观察, 2015 (4): 61-72.

[162] 张文木. "一带一路"与世界治理的中国方案 [J]. 世界经济与政治, 2017 (8): 4-25.

[163] 朱雄关. "一带一路"战略契机中的国家能源安全问题 [J]. 云南社会科学, 2015 (2): 23-26.

[164] 郑士鹏. 一带一路建设中文化交流机制的构建 [J]. 学术交流, 2015 (12): 112-117.

[165] 赵会荣. "一带一路"学术研究的现状、问题与展望 [J]. 俄罗斯东欧中亚研究, 2017 (2): 74-82, 157.

[166] 赵蓉英, 王旭. "一带一路"研究的可视化分析 [J]. 情报科学, 2018, 36 (5): 3-10, 23.

[167] 宗芳宇, 路江涌, 武常岐. 双边投资协定、制度环境和企业对外直接投资区位选择 [J]. 经济研究, 2012, 47 (5): 71-82, 146.

[168] 左志刚, 杨帆. 东道国文化特质与跨国并购失败风险——基于中国企业海外并购样

本的实证研究[J]. 外国经济与管理, 2021, 43 (1): 58 - 72.

[169] ASIEDU E, JIN Y, NANDWA B. Does foreign aid mitigate the adverse effect of expropriation risk on foreign direct investment? [J]. Journal of International Economics, 2009, 78 (2): 268 - 275.

[170] AWATE S, LARSEN M M, MUDAMBI R. Accessing vs sourcing knowledge: A comparative study of R&D internationalization between emerging and advanced economy firms [J]. Journal of International Business Studies, 2015, 46 (1): 63 - 86.

[171] BOUCHET M H, GROSLAMBERT E C A B. Country risk assessment: a guide to global investment strategy [M]. Chichester, England: John Wiley, 2003.

[172] BUSSE M, HEFEKER C. Political risk, institutions and foreign direct investment [J]. European Journal of Political Economy, 2007, 23 (2): 397 - 415.

[173] BUSSE M, KÖNIGER J, NUNNENKAMP P. FDI promotion through bilateral investment treaties: More than a bit? [J]. Review of World Economics, 2010, 146 (1): 147 - 177.

[174] BLUNDELL R, BOND S. GMM Estimation with persistent panel data: An application to production functions [J]. Econometric Reviews, 2000, 19 (3): 321 - 340.

[175] BUCKLEY P J, CLEGG L J, CROSS A R, et al. The determinants of Chinese outward foreign direct investment [J]. Journal of International Business Studies, 2007, 38 (4): 499 - 518.

[176] CANTWELL J. Accumulating technological competence: Its changing impact on corporate diversification and internationalization [J]. Industrial and Corporate Change, 2000, 9 (1): 21 - 51.

[177] CASILLAS J C, MORENO-MENÉNDEZ A M. Speed of the internationalization process: The role of diversity and depth in experiential learning [J]. Journal of International Business Studies, 2014, 45 (1): 85 - 101.

[178] CASTELLANI D, MONTRESOR S, SCHUBERT T, et al. Multinationality, R&D and productivity: Evidence from the top R&D investors worldwide [J]. International Business Review, 2017, 26 (3): 405 - 416.

[179] COLEN L, PERSYN D, GUARISO A. Bilateral investment treaties and FDI: Does the sector matter? [J]. World Development, 2016, 83: 193 - 206.

[180] EGGER P, WINNER H. Evidence on corruption as an incentive for foreign direct investment [J]. European Journal of Political Economy, 2005, 21 (4): 932 - 952.

[181] ESCALERAS M, REGISTER C A. Natural disasters and foreign direct investment [J]. Land Economics, 2011, 87 (2): 346 - 363.

[182] FEINBERG S E, GUPTA A K. MNC subsidiaries and country risk: Internalization as a safeguard against weak external institutions [J]. Academy of Management Journal, 2009, 52 (2): 381 - 399.

[183] GIAMBONA E, GRAHAM J R, HARVEY C R. The management of political risk [J]. Journal of International Business Studies, 2017, 48 (4): 523-533.

[184] HAANS R F J, PIETERS C, HE Z L. Thinking about U: Theorizing and testing U-and inverted U-shaped relationships in strategy research [J]. Strategic Management Journal, 2016, 37 (7): 1177-1195.

[185] HABIB M, ZURAWICKI L. Corruption and foreign direct investment [J]. Journal of International Business Studies, 2002, 33 (2): 291-307.

[186] HELPMAN E, MELITZ M J, YEAPLE S. Export versus FDI with heterogeneous firms [J]. The American Economic Review, 2004, 94: 300-316.

[187] HURTADO-TORRES N E, ARAGÓN-CORREA J A, ORTIZ-DE-MANDOJANA N. How does R&D internationalization in multinational firms affect their innovative performance? The moderating role of international collaboration in the energy industry [J]. International Business Review, 2018, 27 (3): 514-527.

[188] JIMÉNEZ A, LUIS-RICO I, BENITO-OSORIO D. The influence of political risk on the scope of internationalization of regulated companies: Insights from a Spanish sample [J]. Journal of World Business, 2014, 49 (3): 301-311.

[189] KAFOUROS M I, BUCKLEY P J, CLEGG J. The effects of global knowledge reservoirs on the productivity of multinational enterprises: The role of international depth and breadth [J]. Research Policy, 2012, 41 (5): 848-861.

[190] KATILA R, AHUJA G. Something old, something new: A longitudinal study of search behavior and new product introduction [J]. Academy of Management Journal, 2002, 45 (6): 1183-1194.

[191] KIM M, LAMPERT C M, ROY R. Regionalization of R&D activities: (Dis) economies of interdependence and inventive performance [J]. Journal of International Business Studies, 2020, 51 (7): 1054-1075.

[192] KOLSTAD I, WIIG A. What determines Chinese outward FDI? [J]. Journal of World Business, 2012, 47 (1): 26-34.

[193] LEE C Y. Terrorism, counterterrorism aid, and foreign direct Investment1 [J]. Foreign Policy Analysis, 2017, 13 (1): 168-187.

[194] LU J, HUANG X L, MUCHIRI M. Political risk and Chinese outward foreign direct investment to Africa: The role of foreign aid [J]. Africa Journal of Management, 2017, 3 (1): 82-98.

[195] MARTIN X, SALOMON R. Knowledge transfer capacity and its implications for the theory of the multinational corporation [J]. Journal of International Business Studies, 2003, 34 (4): 356-373.

[196] MALIAR L, MALIAR S, SEBASTIÁN F P. Sovereign risk, FDI spillovers, and growth [J]. Review of International Economics, 2008, 16 (3): 463-477.

[197] MÉON P G, SEKKAT K. FDI waves, waves of neglect of political risk [J]. World Development, 2012, 40 (11): 2194 - 2205.

[198] MILLER K D. A framework for integrated risk management in international business [J]. Journal of International Business Studies, 1992, 23 (2): 311 - 331.

[199] MORCK R, YEUNG B, ZHAO M Y. Perspectives on China's outward foreign direct investment [J]. Journal of International Business Studies, 2008, 39 (3): 337 - 350.

[200] QIAN X W, SANDOVAL-HERNANDEZ J. Corruption distance and foreign direct investment [J]. Emerging Markets Finance and Trade, 2016, 52 (2): 400 - 419.

[201] QUER D. Location decisions of Chinese firms in the global tourism industry: The role of prior international experience and diplomatic relations [J]. Journal of Hospitality and Tourism Management, 2021, 46: 62 - 72.

[202] RAMOS M A, ASHBY N J. Heterogeneous firm response to organized crime: Evidence from FDI in Mexico [J]. Journal of International Management, 2013, 19 (2): 176 - 194.

[203] ROBINSON J A, TORVIK R, VERDIER T. Political foundations of the resource curse [J]. Journal of Development Economics, 2006, 79 (2): 447 - 468.

[204] SEO E, KANG H, SONG J. Blending talents for innovation: Team composition for cross border R&D collaboration within multinational corporations [J]. Journal of International Business Studies, 2020, 51 (5): 851 - 885.

[205] TANG Q Q, GU F F, XIE E, et al. Exploratory and exploitative OFDI from emerging markets: Impacts on firm performance [J]. International Business Review, 2020, 29 (2): 101661.

[206] VADLAMANNATI K C. Impact of political risk on FDI revisited—An aggregate firm-level analysis [J]. International Interactions, 2012, 38 (1): 111 - 139.

[207] WANG J, WANG X. Benefits of foreign ownership: Evidence from foreign direct investment in China [J]. Journal of International Economics, 2015, 97 (2): 325 - 338.

[208] WOOD S, REYNOLDS J. Managing communities and managing knowledge: Strategic decision making and store network investment within retail multinationals [J]. Journal of Economic Geography, 2012, 12 (2): 539 - 565.

[209] WU J, WANG C Q, HONG J J, et al. Internationalization and innovation performance of emerging market enterprises: The role of host-country institutional development [J]. Journal of World Business, 2016, 51 (2): 251 - 263.

[210] WU J, WU Z F, ZHUO S H. The effects of institutional quality and diversity of foreign markets on exporting firms' innovation [J]. International Business Review, 2015, 24 (6): 1095 - 1106.

[211] YEUNG H W C, LIU W D. Globalizing China: The Rise of mainland firms in the global economy [J]. Eurasian Geography and Economics, 2008, 49 (1): 57 – 86.

[212] YIP P S L, YAO S T. Removing foreign direct investment's exchange rate risk in developing economies: The case for a foreign exchange custodian board [J]. International Review of Economics & Finance, 2006, 15 (3): 294 – 315.